中国历史上的100个
酒局

将進酒

裴涛 著

上海社会科学院出版社
Shanghai Academy of Social Sciences Press

目 录

杯中窥史	1
沁园春	3
第一局：酒池肉林	4
第二局：烽火疑云	6
第三局：二子同舟	9
第四局：桃有英华	11
第五局：何以为信	13
第六局：退避三舍	15
第七局：株林之会	17
第八局：一飞冲天	20
第九局：桑下饿人	22
第十局：鼎中染指	24
第十一局：绝缨之会	26
第十二局：外交辞令	28
第十三局：掩耳盗酒	30

第十四局：置酒泰山	32
第十五局：乐师之会	34
第十六局：晏子使楚	36
第十七局：专诸刺吴	38
第十八局：越王入吴	40
第十九局：小隙生害	42
第二十局：范台良言	44
第二十一局：齐人之福	46
第二十二局：敬小求大	48
第二十三局：以何为宝	50
第二十四局：冯谖为客	52
第二十五局：屈子行吟	54
第二十六局：将相失和	56
第二十七局：绨袍之恩	59
第二十八局：十日之饮	61
第二十九局：醇酒妇人	63
第三十局：易水悲歌	65
第三十一局：盛时思衰	67
第三十二局：鸿门宴	69
第三十三局：霸王别姬	72
第三十四局：高祖还乡	74
第三十五局：诛吕安刘	76
第三十六局：萧规曹随	79
第三十七局：酌时未遇	82
第三十八局：文君当垆	84
第三十九局：北方有佳人	86
第四十局：使酒骂座	88

第四十一局：塞上诀别　　　　　　90
第四十二局：霍家骄奴　　　　　　92
第四十三局：昭君出塞　　　　　　94
第四十四局：豨血之誓　　　　　　96
第四十五局：安知非仆　　　　　　98
第四十六局：君父国家　　　　　　100
第四十七局：对酒当歌　　　　　　103
第四十八局：帝子好剑　　　　　　106
第四十九局：群英会蒋干　　　　　108
第五十局：禁酒风波　　　　　　　110
第五十一局：阮公宿邻　　　　　　112
第五十二局：刘伶前后身　　　　　114
第五十三局：竹林七贤　　　　　　116
第五十四局：丑女无敌　　　　　　119
第五十五局：羊陆推心　　　　　　121
第五十六局：以茶代酒　　　　　　123
第五十七局：青衣行酒　　　　　　126
第五十八局：天王父子　　　　　　128
第五十九局：劝酒杀人　　　　　　130
第六十局：绿珠坠楼　　　　　　　132
第六十一局：新亭对泣　　　　　　134
第六十二局：永和九年　　　　　　136
第六十三局：杀牛还誓　　　　　　138
第六十四局：洒脱临死　　　　　　140
第六十五局：父酒债子酒偿　　　　142
第六十六局：将门酒徒　　　　　　145
第六十七局：君臣对舞　　　　　　147

第六十八局：素车相醑　　　　　　150
第六十九局：樽前说孝　　　　　　153
第七十局：斗酒逍遥　　　　　　　156
第七十一局：为婿请官　　　　　　159
第七十二局：尔"愚"我诈　　　　162
第七十三局：狗脚天子　　　　　　164
第七十四局：人骨琵琶　　　　　　166
第七十五局：我头谁斫　　　　　　169
第七十六局：全无心肝　　　　　　172
第七十七局：人肉宴席　　　　　　174
第七十八局：推背图谶　　　　　　177
第七十九局：贵妃醉酒　　　　　　179
第八十局：饮中八仙　　　　　　　181
第八十一局：十月围城　　　　　　183
第八十二局：凝碧池头　　　　　　185
第八十三局：醉打金枝　　　　　　187
第八十四局：彩袖玉钟　　　　　　189
第八十五局：共食清思殿　　　　　191
第八十六局：杯酒释兵权　　　　　193
第八十七局：春水东流　　　　　　195
第八十八局：夜宴图　　　　　　　197
第八十九局：读史佐酒　　　　　　200
第九十局：重扶残醉　　　　　　　203
第九十一局：当庭杖帝　　　　　　205
第九十二局：诗僧酒禅　　　　　　207
第九十三局：厓山绝宋　　　　　　209
第九十四局：开国杀将　　　　　　211

第九十五局：天下顽主　　　　　　213
第九十六局：玉堂倾倒　　　　　　215
第九十七局：为帝王师　　　　　　217
第九十八局：福禄聚首　　　　　　219
第九十九局：秦淮烟月　　　　　　221
第一百局：薙发江阴　　　　　　　225

杯中窥史

裴 涛

中国是酒国。从传说中的仪狄造酒算起，中国拥有酒文化的年代，将近五千年。当然，追溯酒的真正历史，要更为遥远。

另外一位民间公认的造酒始祖是杜康。这一说法见于东汉许慎的《说文解字》。无论仪狄还是杜康，都是先民向自然索取生活品质的一个象征。至此中国的文化历史，永远与酒的历史、酒的文化不可分割。

酒在中国文化历史的进程中，扮演着多重角色。酒给人希望，也让人沉醉。诗人用它来寻找灵感，战士用它来激发勇气，失恋的人用它来麻痹情感，相逢的人用它来回味友谊。《诗经》以来，历史中留下了恒河沙数的关于酒的诗篇、酒的轶事。

西周初年的《酒诰》是中国最早的一篇禁酒令。但事与愿违，酒并没有因此退出生活，相反，它在几千年里，与文人侠客结合在一起，与帝王美人结合在一起，在诗情画意与金戈铁马之间，闪烁着独特的文化光芒。

诗酒高会，良朋佳侣。有人觥筹交错，欢声笑语；有人执手话别，浅斟低唱；有人浮一大白，慷慨悲歌；有人浊酒倾杯，萧然独坐。有人喧嚣，有人沉默，有人拘谨，有人放纵。不同的场景，不同的对象，不同的酒，就有不同的生活、不同的遭遇和不同的感慨。

将 进 酒

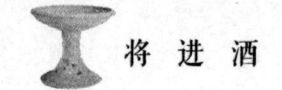

  饮酒必用酒器，必行酒令。在古代祭祀和宴会，都有异常严谨的饮酒规范，以保证大家能够真正地品味酒，而且保持礼仪不至失态。当然，时过境迁，我们更多体味饮酒过程中快意人生的感觉。过去用过的酒器、酒筹基本上都束之高阁，难得一见了。

  酒于人的最乐之处，莫过于沉醉。即使山穷水尽，即使柳残花谢，若有美酒在手，万物顿时化为乌有，天地即刻视作无物。但要有一醉，须得有一流的酒局，一流的酒友。

  这五千年间，有一些酒局，或风流雅致，或荒诞怪异，或惊心动魄。它们改变了我们的历史，融入了我们的血脉，成为我们文化长河里独特的一道涟漪。在此我选出一百个酒局，以飨同好。

  让我们在故事里做一个长安道上的酒徒的酣梦。

沁园春

酒

狄造何年，禹饮何馨，是谓有灵。记盍簪之会，狂呼坦腹，桑间濮上，仗汝传情。青史秋灯，鸡窗槐荫，螺海粟山山海倾。鸿门里，正折冲樽俎，坐地谈兵。

谁堪梦雨初零，乐莫乐兮悲从此生。看竹林萧瑟，新亭落寞，斯人憔悴，偶露峥嵘。红袖歌阑，白衣宾散，止剩胸中意气横。传杯者，似水光影灭，俱已忘名。

第一局：酒池肉林

主饮：商纣王；主陪：妲己；主宾：周侯；地点：摘星楼

酒自被发明，就一直打上"慎用"的标签。第一个帝师伊尹说过"酣歌于室"者，"家必丧"、"国必亡"。历代昏聩亡国的君主大多数会被后世修史者冠以溺于酒色的罪名。其中名声最大的，是商纣王。

周人的《尚书》罗列前朝纣王的罪行，简直罄竹难书。他们开创了历代修史者丑化前朝统治的先河。不如此，不足以体现天命更替或者暴力夺权的正确性。经过《史记》的定性，纣王的荒淫残暴即成铁案。顾颉刚做过一个统计，他说：周人骂纣王，其实一共只骂了六件坏事。到了战国时期，大家添油加醋，给他加了二十七件罪状。到了西汉，再给加了二十三件。东汉比较老实，只加了一件。东晋时，又给他凭空加了十三件。当然，我们最熟悉的还是明代道士写的《封神演义》，这部神魔小说与时俱进，凭空杜撰，集纣王罪行之大成。

纣王在商代很受人崇拜，大家尊他为"帝辛"。荀子说他又高又帅，才华过人，司马迁说他"闻见甚敏"。据说还孔武有力，可以徒手和猛兽角斗。他开疆扩土，统一东南，对边疆部落保持着很强的震慑力。毛泽东评价他很有本事，能文能武，对历史的进程有功。但他"好酒淫乐"，是一个

第一局：酒池肉林

彻底的享乐主义者，他修建了酒池肉林。对酒池肉林的想象历来众说纷纭，常见的解释是倾酒满池，悬肉为林，酒池大到可以行船。在生产力还不发达的上古社会，这样的工程自然是骇人听闻。纣王宠爱妲己，不理朝政。为了取悦妲己，修建有史记载最早最宏伟的鹿台，把民间的奇珍异宝搜罗一空，用以充实和装饰鹿台。纣王与妲己、佞臣们沉溺于此，做"长夜之饮"。有一次达到七天七夜，连自己也忘记了今夕何夕。箕子感慨说：国王醉到忘记了日期，自然也就不能理会朝政，"其国危矣"。

大肆营建和大肆搜剥造成民不聊生，诸侯叛乱。所谓的诸侯，应该是各种大小不一的部落，叛乱的部落达到号称的八百多家，他们拥戴有声望的西边的周国。但是周侯并不着急，在会盟时，一边历数商纣的暴政，一边劝止叛乱。

诸侯听从了周侯，但压抑下的怒火更甚。同时，叛乱被劝止，更助长了纣王的盲目自信，他觉得诸侯弱小，不堪一击。于是不再谋求改过自新，骄奢荒淫更加离谱。纣王的兄弟微子官至三公，不忍看到殷商绝祀，出逃到了朝鲜。圣人比干入谏，纣王狂怒之下，挖出了他的心脏。纣王异想天开，造出了炮烙等惨无人道的刑具，擅杀大臣，重用小人。等到殷商众叛亲离周人乘势而起，重新号召诸侯，势如破竹，攻占了朝歌。

此刻的纣王孤立无援，他登上鹿台，服冠戴冕，举火自焚。

纣王雄才大略，贵为天子，但却不能不慎于杯酒妇人。他带着亡国之恨而死，当他知道联盟军讨伐他的理由里有几条与自己的私生活有关，说自己"淫酗肆虐"；还说自己"惟妇人言是用"时，不知道是否会觉得政治的滑稽。诸侯初盟，这是一个重大的转折机会，当时恶果虽成但尚可挽回，正是周侯阻止了诸侯过早叛乱，而对纣王继续放纵。国事日非，国士日少，国力日衰，殷商再无振作恢复之力。很难说酒池肉林里的豪饮，不是觊觎已久的西岐之国所希望看到的一幕。

第二局：烽火疑云

主饮：周幽王；主陪：褒姒；主宾：褒申二国主；地点：烽火台

  酒的蛊惑实在太大，殷鉴不远，周幽王就重蹈覆辙。
  如果说商纣王饮酒误国，周幽王则是美色误国的第一人。他宠爱褒姒，有甚于纣王之爱妲己。《红楼梦》里面有一章，贾宝玉"撕扇子做千金一笑"，为了讨好晴雯，撕坏了几把扇子，被麝月说作孽。相比周幽王江山社稷都能拿来搏美人一笑，撕扇子实在可以无视。
  褒姒的出生很离奇：夏朝曾有两条神龙盘踞在宫殿里，留下涎沫。夏帝封藏后，代代相传。夏亡，传商；商亡，传周。周厉王打开了封藏，涎沫变为蜥蜴，爬入后宫，使侍妾受孕。宣王继位，对这一神奇受孕事件倍感怀疑，宫人将初生的女婴偷偷丢出了城，正好被一对因谶纬而受通缉的夫妇遇到，于是这对夫妇将女婴带到了褒国。
  宣王死后，幽王继位。容貌绝代的弃婴姒再次被安排回到周国都城，成为周幽王的宠妃，因为来自褒国，故名褒姒。褒姒是一个冷美人，周幽王为了博得美人的一笑，听从佞臣虢石父的建议，不惜置酒于骊山烽火台上，吩咐点起烽火。烽火是不发达时代传递战争消息的快捷手段，各路诸侯看到烽火，以为是外寇来犯，急急而来，悻悻而去。褒姒看到台下的纷乱往返之状，终于嫣然一笑。

这场酒局博得了美人欢颜，也埋伏下了重大隐患，三年后犬戎真的来犯，周幽王重新点起烽火，但诸侯观望不前，不肯发兵。

与其说周幽王美色误国，不如说他是第一个死于宫廷争斗的君王。幽王有长子宜臼，在古代嫡长子制度下，这是名正言顺的王位继承人。但褒姒实在太美，幽王肯冒天下之大不韪，点起烽火博她一笑，自然也就愿意为了她废除王后申氏，同时废掉太子，以便褒姒的儿子伯服能够继位。此举遭到了太史等人的反对。褒姒有褒国为后盾，朝臣虢石父为强援。但申氏也有申国为凭依。申侯先发制人，联合诸侯造反，为保万一，他还向犬戎借兵，终于灭了西周，杀了幽王和伯服、褒姒，立自己的外孙宜臼为君，迁都洛阳，史称东周。

《桃花扇传奇》里说"福王少小风流惯，不爱江山爱美人"。南明小朝廷里福王所谓的爱美人，皮肉之爱而已。将爱情凌驾于江山社稷之上，肯"拱手江山讨你欢"的，古往今来，只有周幽王与爱德华八世二人而已。

褒姒入宫，可以推测，也许是褒国国君很多年前就布下的棋子。厉王侍妾是第一枚棋子，她如何入宫已不可考，当她意外怀孕，当事人联合史官用传说来加以神化和掩盖。发现是女婴之后，褒君终止了在厉王时代夺嫡的打算，安排人接走女婴，转而实施下一轮入宫计划，预备着在幽王时代再夺王权。宣王也许是有所觉察，借谶纬之说破其阴谋，并对褒国开始制约，这一制约延续到幽王时代才结束。这也正好解释褒姒身负重托，一直心事重重，从来不苟言笑的原因。

褒、申都是小国，依仗外戚身份而尊贵。要想久安，必须对宗主国有强烈的控制力。烽火戏诸侯，背后是小国之间数十年苦心经营的结果，褒姒是不是当年的那个弃婴，其实已经不重要。重要的是她和申氏，谁的儿子能够继承大统。褒、申剧斗，只是权力争夺的一个影像，它从褒姒未入宫之前就已经存在，并且会在历史中一直存在下去。

将 进 酒

真相如何,我们已经无从知晓,但对于女人们而言,这是一场值得铭记的酒局。虽然结局令人唏嘘,但在这里,褒姒考验了一个男人,肯为自己冒险,放弃江山社稷。

第三局：二子同舟

主饮：公子寿；主陪：父卫宣，母齐姜，弟朔；主宾：急子地点：舟中

在普遍缺乏想象力的中国导演界，这则酒局是他们梦寐以求的剧本：里面有最早关于同性恋的记载，有乱伦，有宫廷，有仇杀，有一波三折而又清晰流畅的情节。

这一场酒局在舟中举行，对饮者是两位白衣翩翩的年轻公子，一个是卫国太子急子，一个是太子异母弟公子寿。两人停舟在芦苇初白的渡口，远风吹过，水波荡起，斜阳霞光，嫣红如醉。公子寿英俊的脸上满是惆怅，他斟满一杯酒，递给哥哥，想开口说什么，但噎住了，眼泪一滴滴都坠入杯中。哥哥急子浅浅地叹息一声，接过酒杯，一饮而尽。公子寿哽咽着说："酒已经污了。"急子回答："我要喝下的就是弟弟你的一片深情。"

两位公子的父亲卫宣公乱伦成性，与先王侍妾夷姜私通，生下急子，因为偏爱夷姜，就立急子为太子，并早早安排他迎娶齐姜为妻。齐姜艳名远播，卫宣公一听之下后悔不迭，匆匆在淇水建好行宫，迎亲的队伍没有回王宫，而是就地驻扎，卫宣公丧心病狂地代替儿子迎娶齐姜。国人看不下去，做了一篇《新台》，讽刺宣公"癞蛤蟆吃天鹅肉"，今存于《诗经》。

卫宣公跟齐姜生下了公子寿和公子朔。公子寿却跟太子急子关系很

将进酒

好,就像贾宝玉和秦钟一样,日则同行夜则同寝,形影不离。齐姜希望自己的儿子能继承王位,所以一直想除掉本来应该成为自己丈夫的急子。她和卫宣公设计,安排急子出使外国,途中安排杀手杀掉他。

公子寿知道了这个阴谋,对急子说:"边境上的强盗看见你手中的白色旄节,就会杀死你,你可不要前去。"并让他赶快逃走。急子不愿意违背父亲的命令而求生,带上使节悄悄出发了。公子寿知道后,乘轻帆追上了急子,为他饯行。

急子明白,这是他们最后一次会面,从此将天人永隔。他五内如焚,强自压抑住留恋和绝望,不敢过于伤情,对公子寿的敬酒绝无推辞,以致酩酊大醉。公子寿却越来越平静,完全不见悲戚,他早存了赴死之心。等哥哥醉倒之后,公子寿取过出使的大旗,挂在自己船头,留下一封书信给哥哥的仆从,自己就挂帆远去了。船行不久,果然遇到了以出使大旗为目标的杀手,公子寿自认是太子,被杀身亡。急子醒过来,打开公子寿的信,只有一行字:"弟已代行,兄宜速避"。急子大为悲催,命人加快行船,希望能避免这场灾难,当他赶到时,公子寿已经死了。急子不忍独活,仰天痛哭,对未散的杀手们说明缘由,随即也被杀死。

历史为他们留下了一首歌:"二子乘舟,泛泛其逝,愿言思子,不瑕有害。"饱含对两位泛舟而逝的卫国王孙的同情。

此事见于《左传》,此歌录于《诗经》,由《东周列国志》的演绎而哀婉动人。"生人作死别"是难以言说的大悲剧。咫尺对坐,有万语千言,却一字不能出口,自己无从感受对方,对方亦无从感受自己,这生生的痛苦便又增加了一分。

第四局：桃有英华

主饮：齐襄公，文姜；主陪：彭生；主宾：鲁桓公；地点：牛山

齐僖公的女儿文姜是绝世佳人，与同父异母的哥哥姜诸儿，也即后来的齐襄公朝夕相处渐生情愫。春秋时期男女关系相对随便，但兄妹之爱依然受礼仪约束，为人伦与世情所不容。

诸儿写诗"桃有华，灿灿其霞，当户不折，飘而为苴"送给妹妹。赞美她貌若桃花，娇若云霞，感慨一株艳绝桃花开在庭院里，自己却无缘摘取，直到飘零枯萎，令人惆怅。齐王看出端倪，就给儿子娶了媳妇，又要把女儿嫁给帮助齐国御敌的郑公子忽。公子忽一表人才，却颇有骨气，不愿高攀，他说"人各有偶，齐大，非吾偶也"（成语"齐大非偶"出于此），意思是人需要与自己相匹配的在一起，齐国强大，与郑国并不门当户对。自己帮助齐国，出于两国之间的道义，如果因此娶了文姜，岂不是拿国家荣誉和军士功勋在做交易？

文姜被这位英雄世子拒绝后，情绪很糟糕，诸儿趁机安慰，一个是怀春少女，一个多情少年，两人如胶似漆。这一丑闻渐渐在宫里传开，父亲更着急了，匆忙把文姜嫁给了鲁桓公。

文姜临走回信给哥哥诸儿，说"桃有英，烨烨其灵。今兹不折，讵无

11

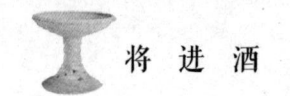

来春"。简言之今年没有摘到这枝桃花，明年还会有机会。

鲁桓公年纪已大，为人又比较古板，对文姜很好，但文姜却不能忘怀哥哥。父母在世时按礼制她会"岁一归宁"，齐僖公去世后，她没有了回齐探望的理由，直到四年后，文姜才再有机会与鲁桓公一起到边境跟哥哥齐襄公会盟。

国君出游是大事，何况还是带着夫人。大夫就劝谏了，说女子已嫁从夫，父母过世了，哪有回到哥哥那里的道理。但鲁桓公不愿拂文姜的意，与之同行。文姜和齐襄公见面之后，压抑的旧情复炽，借兄妹叙旧之故，日夜盘桓。鲁桓公偶然知悉，异常愤怒，但身在边境，不敢发作，就告辞回国。齐襄公得知事情已经泄露，也知道鲁桓公羞愤回国必然没有好结果，更重要的是，鲁桓公怀疑儿子是齐襄公和文姜所生。齐襄公与妹妹商定对策，在牛山为鲁桓公饯行。这一场宴会盛陈歌舞，齐襄公加倍殷勤频频劝酒，鲁桓公含恨赴宴一言不发。齐襄公又命大臣、美人轮番跪劝。鲁王不得已，借酒消愁，不觉酩酊大醉。齐襄王让大力士彭生抱桓公上车，活生生拉折肋骨致其死亡。

齐襄公对外声称鲁桓公年老醉酒驾车摔死了，随后，又以间接伤人罪为由杀了彭生。文姜不愿意回国，以悼念桓公为由住在边境，齐襄公则借打猎为名，常来与她欢会。

这对兄妹终于得偿所愿，但齐襄公害死了自己的妹夫，文姜害死了自己的丈夫，还直接导致了齐鲁两国的战事一触即发。更为难受的是在《诗经》里有《南山》、《载驱》几篇记载此事，"鲁道有荡、齐子庸止"、"鲁道有荡，齐子发夕"，将他们钉在耻辱柱上足足近三千年。

这是一场无可奈何的酒局，这杯酒里有多年酿成的苦味。齐襄公和文姜如同扑火的飞蛾，为片刻的温暖，焚身不顾。当这酒局开局的一刹那，他们就已经无法回头，注定要以那巨大的代价，来换取这短暂欢愉的一生。

第五局：何以为信

主饮：齐桓公；主陪：鲁庄公，管仲，鲍叔；主宾：曹沫；地点：柯邑

齐国内乱，管仲陪公子纠逃到鲁国，鲍叔陪公子小白逃到莒国。后来乱平，鲁国想拥立公子纠从而控制齐国，安排仪仗和护卫，大张旗鼓送他回国。公子小白也想继位，轻车从简从莒出发。管仲不放心，一路追赶，逼近小白的车驾，一箭射中小白，小白倒向车中装死，管仲才放心而归。公子纠得到报告后更无顾虑，缓缓而行，公子小白则日夜兼程，提前六天回国登基，是为桓公。桓公整顿军马，打败了送公子纠的鲁军。鲍叔给鲁侯写信，让公子纠自杀，免得桓公落上杀兄弟的罪名，并要求把管仲抓起来送到齐国治罪。鲁侯看到局势已定，也就遵命从事了。

鲍叔推荐说，要想成为霸主，需要得到管仲这样的人才。桓公也就不计前嫌，任命管仲为相，并提拔了一批有才干的人（比如出身微贱的宁戚），励精图治，推行改革（最早的娼妓及纳税管理制度由管仲创立），很快齐国强大起来。

桓公与管仲、鲍叔、宁戚一次喝酒，酒酣，桓公傲慢地说："鲍叔怎么不起来敬酒？"鲍叔举杯上前说："一敬您不要忘记当初逃奔在莒国的艰难（成语"勿忘在莒"）；二敬管仲不要忘记当初被绑在鲁国的落魄；

将 进 酒

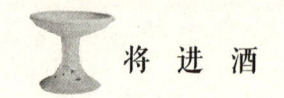

三敬宁戚不要忘记当初在车下喂牛的潦倒。"齐桓公急忙下座道歉:"我和各位大夫都不能忘记您的提醒。"

齐桓公借周天子的空架子来号令诸侯。但当时各路诸侯涣散已久,并且爵位不一,有一些老牌贵族喜欢摆架子。齐桓公首先拿跟自己过不去的鲁国开刀,先后几次大败鲁国。鲁庄公惶恐之下,提议在柯邑议和。将军曹沫请求随鲁庄公赴会,庄公揶揄说:"你三次被齐国打败,败军之将跟我同去,可有点丢国体啊。"曹沫说:"我希望有机会能一血旧恨。"在两国盟约仪式上,曹沫乘着献酒歃血的机会,拔出剑劫持了齐桓公。管仲挡在桓公身前问曹沫:"大夫您为什么要这么做?"曹沫说:"你们齐国欺人太甚,仗着强大,不顾道义,要求我们国君到你们的领地来受盟,这是大大的耻辱。"管仲又问:"大夫您有什么要求?"曹沫说:"请你们把之前夺走的土地归还给我们。"齐桓公答应了这一要求。曹沫丢下宝剑,希望和管仲发誓订约。齐桓公说:"我亲自和你歃血为盟好了,一定如约归还你们的土地。"誓毕,各自归位,继续饮酒为欢如故。

会后,齐人愤愤不平,要求毁约,杀了鲁庄公与大逆不道的曹沫。齐桓公说:"我已经许诺过了。匹夫之间的承诺尚且庄重,何况国君呢?"

曹沫之名,后世不彰。但他是我国刺客之祖,司马迁在《史记》里称扬他以身赴死的勇毅。但后人对其议论颇多,比如韩非子,就认为"侠以武犯禁",是对社会秩序的挑战和破坏,不值得提倡。相比之下,社会更需要的是齐桓公的胸襟气度,以及无信不立的原则,这才是弥足珍贵的。

这个酒局里的故事似乎迂腐而难以理解,但在那个大义犹存的时代,它如同民族性格深处一闪即逝的稀有光辉。从此之后,诚信的原则一再被挑战,直至被利害法则所颠覆。

第六局：退避三舍

主饮：晋文公；主陪：晋臣、楚臣；主宾：楚成王　地点：楚王宫

这是一场主宾抗礼的酒局。

主角是位落难公子，名叫重耳。他和哥哥申生、弟弟夷吾，号称晋国三公子。这三位天潢贵胄不搞卖官鬻爵，不搞垄断经营，不靠女明星博上位，在国内名声很好。他们的父王晋献公老年昏庸，宠爱骊姬，生下了奚齐。骊姬一心想让儿子继位，便设计在申生进献的肉里下毒。这是谋逆大罪，要么申生得死，要么做局之人得死，两者不可并生。虽然知子莫如父，但晋献公的情感天平还是偏向了娇妻幼子，他逼迫申生自尽。申生不愿意去申辩，因为骊姬受宠，自己申辩的结果，如果真相大白，说不定要依法降罪给骊姬和奚齐，反而会让父王尴尬难受。但他也不愿逃走，逃走便是向天下诸侯彰显自己父亲的昏庸过错。仁厚的申生自缢而亡，重耳、夷吾不愿去死，但也不愿意抵抗，都分别逃散了。

晋国内乱，献公死后，国人杀了奚齐，夷吾在秦国帮助下抢回了王位，重耳只好继续出逃，在诸侯之间辗转漂泊了十九年。

重耳出逃的时候，司马迁说他已四十多岁，《国语》说是十七岁。他作为两届政府的头号敌人，在国外风餐露宿，苦头吃了不少。他先是逃到

将进酒

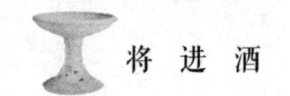

了母亲的娘家翟国，受到庇护，娶了妻子，生下两个儿子。奚齐死后，有人来找他回去继位，他不敢冒险，没有答应，几乎准备老死于翟国了。新君夷吾继位，担心这个名声更好的哥哥回来，就派人去刺杀，逼着重耳再次逃亡。在卫国不受礼遇，没有吃的，重耳只好向农夫乞讨，还被农夫戏弄一番。在齐国，能识英雄的齐桓公不愿意放重耳走，送车送房，还一并把宗室之女许配给他，丰衣足食地将他豢养起来，重耳也怡然自得，不愿离开。桓公死后，重耳的随从将他灌醉，带他离开了齐国。重耳醒来，又后悔又气愤，追着要打他们。到了曹国，被有同性恋倾向的曹共公偷看洗澡。到了郑国，又被郑文公拒之门外……途中衣食不继狼狈不堪，直到进入楚国，情况才截然变化。

一心开疆拓土的楚成王以诸侯之礼待他，并且承诺帮助重耳得到晋国的王位。宴饮时，楚成王问重耳：寡人待你怎么样？重耳说："很不错。"成王又问：今后你做了国君，准备怎么报答我呢？重耳说："晋国有的，楚国都有。珍珠宝玉，您都不稀罕。我除了内心感激，实在没有什么可以拿来报答的。"成王是趣人，偏偏再次追问重耳。重耳说："我若能回国执政，万一今后两国之间有战事，我将退避三舍来报答您，如果那时候您还不解恨，坚持要战，那我只好与您尽力周旋。"这态度不卑不亢，一个尚以流浪之身接受馈赠的人，气场之强大，令成王倾倒。

重耳最终是在秦国的帮助下做了国君，史称晋文公。他先后讨伐了流浪时不予礼遇的曹卫两国，为了号令诸侯，实现霸业，最终与楚国交锋，两国在城濮进行了殊死一战。晋文公践诺，撤军避让楚国九十里（三十里为一舍），最后打败了楚国，受到周王室的慰劳赏赐，成为春秋五霸之一。

在没有英雄豪杰的酒局里，我们习惯于大言炎炎，经常有所承诺，但这大言无从兑现，这承诺一文不值。

第七局：株林之会

　　主饮：夏姬；主陪：陈灵公等；主宾：夏御叔、夏徵舒父子；地点：株林

　　夏姬美艳动人，且崇尚性自由，是历史上最为开放的名女人之一。《春秋》说因为她的淫乱，"杀三夫一君一子，而亡一国两卿"。倾国倾城的美人虽然不少，但像夏姬这样颠倒众生，引起文明古国的恺恺君子们不顾廉耻、趋之如狂的绝无仅有。

　　夏姬是郑穆公的女儿。夏姬与杜丽娘一样，从小被禁锢，不得自由，严防男女之私，甚至连精神都不许逾越雷池。《东周列国志里》里说，偶尔的一次类似游园惊梦的遭遇，让夏姬萌动的心得以释放，从此少女的情欲如同春草，郁郁勃勃、肆无忌惮地生长蔓延，传说她甚至与自己的兄长淫乱。父亲郑穆公急坏了，只好把她远嫁给陈国大夫夏御叔，生子夏徵舒，史称"夏姬"。

　　十二年后，夏御叔病死，夏姬孀居株林。御叔的同僚孔宁垂涎她的美色，经常借故来访，日久生情，便成了夏姬的入幕之宾。孔宁是个好色轻浮之徒，将夏姬的内衣偷出来，向仪行父夸耀。仪行父艳羡之余，也来株林分羹。夏姬偏心于仪行父又高又帅，也将内衣送给他。孔宁吃醋报复，

将 进 酒

把夏姬介绍给同样荒淫的陈灵公。那时候夏姬已经年近四旬，但风华绝代，又擅床笫之欢，灵公一见之下，便不可自持。灵公有独特性癖，喜欢听夏姬讲与孔宁、仪行父的性事，还公然在朝堂上拿出夏姬的内衣来，和两位大夫相互比美，甚至邀请多人一起前往夏姬那里，开性爱party，"连床大会"。

《诗经·陈风》有一首《株林》篇："胡为乎株林？从夏南；匪适株林，从夏南。"译为："到株林去，跟夏南一起。"说的就是灵公和孔宁、仪行父到株林和夏姬幽会的龌龊之行，但诗里用了明显的讽刺，它不说是从夏姬，而说从夏南（夏徵舒）。是灵公一行以夏南为幌子到株林，还是夏南不得已也跟随灵公到株林，忍受着这几个禽兽对自己母亲的轻薄？

最后一次"治酒欢会"，是十八岁的夏徵舒发起的。预备妥当后，他邀请陈灵公和两位大夫到株林宴饮。灵公等人色令智昏，欣然赴会。酒醉半酣之际，君臣丑态毕露，相互之间调侃夏姬和夏徵舒。羞愤不已的夏徵舒立刻发作，射杀了陈灵公。

孔宁逃到楚国，请五霸之一的楚庄王主持弑君的公道。楚国进兵陈国，杀了夏徵舒，掳走了夏姬。庄王看到夏姬婉转昳丽，想纳入后宫，大臣子反也想索要夏姬，都被一向觊觎夏姬的屈巫劝止，说什么亡国之女，占之不祥。庄王顾忌名声，只好作罢，他也没有让屈巫如愿，而将夏姬赐给连尹襄。连尹襄战死后，夏姬继续与他的儿子通淫，闹得国人不齿。本来已无指望的屈巫乘机向夏姬许下了娶她的诺言"归，吾聘汝"，夏姬借迎葬连尹襄为名回到娘家郑国，本来要出使齐国的屈巫得到这个消息，丢下任务，不远千里跑到郑国和她幽会。随后上书楚王，官也不要了，和夏姬一起私奔去了晋国。楚王大怒，抄了这位不顾国体的外交官的家。

这一次私奔后，夏姬永远地淡出了历史的舞台。她在不同的国家，不同的男人之间辗转迁徙，成为妻子，成为寡妇，甚至成为交换和赐予的玩物。从容颜绝代的少女,到风韵犹存的徐娘,她始终无法把握自己的前途和命运,她唯一可以把握的,是抛弃一切道德和约束,在苟延残喘中放纵自己:这是她对自己蹇舛命运的抗议。年近五旬的夏姬,最终得到了屈巫抛家去国、义无反顾的爱,也算是给她最后生涯的一丝慰藉。

第八局：一飞冲天

主饮：楚庄王；主陪：苏从；主宾：伍举；地点：楚王宫

楚国最初在汉水流域筚路蓝缕，慢慢侵蚀周边部落而成长壮大。熊通执政时期，已经具备了挑战中原的实力。楚国本来是周分封的低级子爵，熊通自封为武王，明确不受以周王室为代表的中原诸侯与中原文化的节制，他建立了中国第一个郡县，并且一生都在为开拓疆土而努力，直到死在征战途中。其子文王继承父业，将三十多个小国陆续并入版图。而后是成王，有大志，但不幸一生中遇到了齐桓公和晋文公两位霸主，不能施展宏图。而后是穆王，建树不多。这时候周王室越来越影响微弱，诸侯之间的兼并加剧，形成了大国政治。

楚国虽然地大物博，但一直外忧内患。穆王去世，楚庄王即位，楚国的大夫争权内斗，不久前楚晋城濮之战大败直接造成了国际地位下降和附庸国反叛，再加上天灾不断，可谓国将倾覆，民不聊生。多难兴邦，多难也穿帮，地处偏僻、不和中原文明交融的老大帝国，终于撑不住"和谐盛世"的招牌了。但楚庄王继位以来，似乎全然不以为意，成天饮酒为欢，不理朝政，偶尔有进谏的，无不碰壁，后来嫌进谏的人多影响心情，就索性在宫门口挂了一块"进谏者杀"的告示。

第八局：一飞冲天

庄王有一匹爱马，他给马穿上锦绣，喂食果脯，入住豪宅。马因营养过剩肥胀而死，他要求群臣给马发丧，按大夫之礼下葬。群臣非常不满，纷纷抗议。庄王很不高兴，强制要求就这么办，谁敢再议就杀了谁。结果还是一个宫廷小丑委婉劝谏才作罢。

忠于国事的官员们无不心急如焚，伍举终于忍不住，冒死入宫，殿上庄王举杯豪饮，殿下歌舞蹁跹，一副酒肉荒迷醺醺之态。庄王看到伍举，就问何事打扰寡人啊？伍举说："也没有什么事，只是刚在外边听人说起一个谜语，我驽钝没猜出来，想请教请教大王。"庄王听到他话里有话，就问是什么谜语。伍举说："楚国有只大鸟，落在高处三年了，也不飞也不叫，您猜这是个什么东西？"庄王一听，寡人不正好即位三年了吗？这哪是什么谜语，完全是骂我啊。但他笑眯眯地说："我知道啊，这可不是只普通的鸟，三年不飞，一飞冲天；三年不鸣，一鸣惊人，你等着看罢。"伍举也是聪明人，就退下去了。

过了几个月，庄王饮酒作乐一如既往，毫无变化，大臣们灰心丧气，苏从再次入宫进谏。庄王说：前一次伍举来打哑谜，我也不说什么，你现在跑来进谏，没看到挂的"进谏者死"的招牌吗？苏从回答："如果杀了我，能让你明白点，我也死得值了。"庄王霍然而起，当场废除了酒宴歌舞，开始理政。庄王的确在韬光养晦，朝中大臣们，哪些正直、哪些忠忱、哪些懦弱、哪些昏庸，都在洞见之中。他重用伍举、苏从这批人，雷厉风行地改革吏治，强化军事，大治农桑，第一年就灭了庸国，三年后又大败宋国，很快跻身为春秋五霸之一。

这是一场哑谜酒局，双方在寥寥数语之间彼此心照。各种各样的哑谜至今在酒桌上进行，里面不少是利益双方的进退揖让，这种韬光养晦的志气已不可见。欢饮之际，有人看到的是杯中酒，有人看到的是举盏人，有人看到的是短暂的交谊和利益，有人看到的却是更为远大的未来。

第九局：桑下饿人

主饮：赵盾；主陪：晋灵公，屠岸贾；主陪：灵辄；地点：晋王宫

忠臣遇到昏君，结局大多可悲。权臣遇到昏君，结局大多可怕。

赵盾是赵衰之子，赵衰是春秋五霸之一晋文公的舅子，陪伴其流浪、帮助其登基、辅佐其治国，可以说是功高盖世。当时的流浪汉们都因为跟对了主子而被封为上卿，彼此抱团，形成了一个庞大的利益集团。集团内部也发生争端，甚至是你死我活的，虽然祖宗们的友谊不会传递下来，但毕竟是内部矛盾，不是敌我矛盾，一切都好说。

说到矛盾，这个集团有三大矛盾，除了内部倾轧兼并的矛盾，还跟晋王室有矛盾，以及其他矛盾也就是外部矛盾也就是与老百姓或者新晋权贵们的矛盾。祖宗帮助晋文公复国，同时也绑定了执政权，老子打江山，儿子坐江山，晋王室想提拔新人都不行，条条大路有人堵，个个高位有人坐。

赵氏在这个集体里如日中天，赵盾自身素质很高，所以能执掌国政很多年。别人比喻说，赵衰如同冬日，赵盾如同夏日，冬日给人温暖，夏日让人感到酷烈。到了昏庸的晋灵公时代，赵盾更加权倾朝野，君相矛盾日益突出，甚至出现了赵盾出去打仗，晋灵公拿了敌国的钱，把军队从前线撤回来的荒唐事。灵公又好杀人为乐，赵盾多次劝谏，引起了灵公的逆反。

第九局：桑下饿人

灵公和大反派、其实是新权贵代表屠岸贾派出了杀手鉏麑。鉏麑是一个感情充沛的人，夜里蹲在赵家墙角偷窥，看到赵盾半夜起床，整理衣服，准备上朝，一副勤政为民的样子。鉏麑觉得杀了这样的人是不忠于国，但不杀是不忠于君，想来想去，无解难题，就撞槐树自杀了。

刺客死在家门口，赵盾也不傻，应该明白是怎么回事。晋灵公次日设下酒宴，召赵盾来喝酒，表示君臣无猜，当然，刀斧手早已到位。赵盾和卫队长提弥明一起入朝，屠岸贾不许卫队长跟从，只让赵盾上殿入席。酒过三巡，灵公开口借赵盾的宝剑一看，卫队长很警觉，明白这一是要缴械，二是要以对君王亮剑为名诛杀赵大人，就像很多年后小说里写高俅以带刀夜闯白虎堂为名诛杀林教头一样。于是在殿下高呼："臣子和君王饮酒，不可过量，更不可酒后舞刀弄剑。"赵盾一听，明白了，马上装醉告辞。屠岸贾招呼众人来追，还放出狗来，提弥明返身迎敌战死。有位猛士追上了赵盾，赵盾惊惶不已，这人说："您不用怕，我是来帮您的。"赵盾问，你是谁？这人说："您忘了桑树下的饿人了吗？"

九年前，赵盾在大桑树下遇到一个饿得不能动的人，给了他一份盒饭。饿人留下一半准备带回去给母亲，赵盾被他的孝心所感，送了不少粮米。这个桑树下的饿人，就是灵辄。灵辄后来入宫，做了宫廷守卫。没想到这次国王要杀的居然是自己的恩公，他背起赵盾飞奔而出，逃过一劫。

赵盾逃出国后，暗示掌握兵权的族兄赵穿杀了灵公。史官董狐却要把这笔账算在赵盾头上，记下"赵盾弑君"。赵盾回国后多次辩解，说人不是我杀的，要求更改，但董狐坚持不改，认为赵盾身为相国，纵容赵穿杀了灵公，虽然灵公是昏君，但毕竟是法律上的君王，事后赵盾又不追究赵穿责任，实在与自己下手没有差异。

再后来，屠岸贾灭了赵家，留下了历史上著名的一出《赵氏孤儿》。

这是一场关于施恩和报恩的酒局，也是一场暗藏杀机的酒局。如今的酒局里，也一样暗藏着凶险和诡谲，只是更加温和，更加趋于表演，而酒局就更像舞台。

第十局：鼎中染指

主饮：公子宋；主陪：公子归生；主宾：郑灵公；地点：郑王宫

历代国君里，有因伤病而亡的，有因谋逆而亡的，有因美色亡的，荒诞派死法也有如晋景公掉进厕所淹死的、秦武王举重将自己砸死的。而郑灵公更加冤枉，亡身起因竟是一鼎王八汤。

饕餮男女都熟悉的一个词"食指大动"，就出自这一酒局，而更熟悉的"染指"一词，也出于此。这一酒局的主饮，是郑室宗亲公子宋。

公子宋与执政大臣归生关系很好，两人一同去朝见郑灵公，在路上公子宋的食指突然抽筋似动个不停，归生关切询问是什么病因，公子宋回答说："凡是要吃到美味，我的食指就会预先动，从来没有失误过。"归生觉得是胡扯，不信。

入朝后，刚巧楚国献给郑灵公一只大鳖，爱好美食的郑灵公大喜，让厨子杀了请大伙吃饭。虽然没有明确提出也请大家喝酒，但从当时王室宴会常情推论，这是一场鳖汤酒局。公子归生由衷惊叹，公子宋得意洋洋，两人相视大笑。

郑灵公挺纳闷的，问他们笑什么，归生老实本分，原原本本说了途中所见和公子宋的预言。不料郑灵公心眼太小，觉得灵不灵验，决定权在

第十局：鼎中染指

我，而不在老天爷，想较个真儿。

王八在鼎里煮了很久，等肉烂汤熟，分给大家的时候（春秋时期贵族们宴饮，都是分食制，一人一座，一套餐具，这一点很像西方现代饮食文明，卫生又方便），郑灵公故意安排厨子不分给公子宋，这分明是奚落：食指动了又怎样，还不是照样吃不到。公子宋是郑国权臣，哪里受得了这种侮辱，勃然大怒，径直走到灵公席前，把食指探到那份王八汤里，又送到嘴里，尝了一口，扬长而去。

这也太不卫生了，灵公气急了，当场就要杀公子宋。当然，主要还是灵公觉得公子宋目无尊长，当众戏弄一国之君，罪不可恕。至于自己先戏弄大臣，那倒没有反思过。公子宋回去之后，前思后想，面对这种睚眦必报的昏君，事情绝不会简单到赔他一鼎王八汤就可以算了，一不做二不休，他去找好友归生密谋造反，归生胆小慎重，不忍心杀郑灵公，求情说："就算是头畜生，养久了也不忍心杀，何况是朝夕相处的国君呢？"这种说辞全无力量，公子宋是豁出去了，发狠威胁说："我已是死路一条，你不跟我干掉他，我就跟他干掉你。"随即找人诬陷归生谋反，归生不得已，受了裹胁，随公子宋杀了郑灵公。

权术之道，核心在于权重者支配一切。从公子宋角度而言，索取非分，即为染指。从灵公角度而言，患不在均，患在轻慢。

《春秋》是这样记载的："郑公子归生弑其君夷。"《春秋》纪事简洁，总是皮里阳秋一字褒贬，凡记载弑君之事，称呼大臣的名字，就表示其罪在臣；称呼国君的名字，就暗示昏君无道。这一次弑君事件，是君臣之名都点了，是非曲直，各打五十板。公子归生身为执政，知情不报还跟从谋逆，理所当然要归罪于他。

第十一局：绝缨之会

主饮：楚庄王；主陪：许姬；主宾：唐狡；地点：楚王宫

这是第二则关于楚庄王的酒局。这时候距离他韬光养晦已经过去了几年，楚国日益强大，庄王跃跃欲试，急欲挥师北上，向已经式微的周天子示威。一直以来楚王的爵号都是自封的，未经过周的承认，所以被中原诸侯们瞧不起，这是楚国历代君王的心病。

在一次平定战乱后，楚庄王大宴群臣。一直喝到晚上，还不尽兴，便点起烛火继续饮酒。不仅如此，庄王还令自己的宠妃们出来向各位文臣武将们敬酒。这时候一阵狂风，把室内的灯烛全部吹灭，一位半醉的将军伸手拉住了许姬的衣裳。调戏君王内眷，这可是十恶不赦的大罪，许姬反手揪下了将军的帽缨，快步回到庄王席前哭诉，证据在手，希望大王马上严惩这个无礼之徒。楚庄王对她说，现在君臣尽欢，一点半点的失态，实属常情，若为此诛杀功臣，只能让他人寒心。他立即下令："暂时不要点烛火，大家全部把帽缨摘下来（绝缨）再点火，不要妨碍了痛饮，今日要一醉方休。"筵罢，再也不曾提起此事。

庄王八年，楚国借故驻扎于洛水，在东周都城的郊外阅兵。周王知道来者不善，就让王孙满代替王室去犒劳。庄王踌躇满志地问起周王室所藏九个鼎的重量，并且轻蔑地说，我们楚国把带钩上的钩头折下来，就足够铸造九鼎了。九鼎一向是周朝权力传承的象征，庄王问鼎，志不在此。王孙满微微一笑，回答说：王室传承，在德不在鼎。如果有德行，鼎再小也重；如果没有德行，鼎再大也轻。庄王听后肃然起敬，马上退兵。

后来，楚灭舒国，又灭陈国。有人说，陈国不过是内部作乱，为害不大，就像一头牛糟蹋了庄家，您把牛给牵走做赔，这是不对等的。您以平乱的名义进入陈国，但占领了国家不退兵，您要做天下的霸主，这样杀伐灭国怎么能令人心服呢？庄王听从了建议，恢复了陈国的社稷；再后来，攻郑国，郑伯脱下衣襟亲自来到军帐谢罪，愿意结盟做楚国的附庸，楚臣觉得郑国唾手可得，正要一举而下，都不同意结盟，但庄王认为郑伯能为国如此屈尊，是个有德行的人，自己不该把事做绝，就亲自举旗指挥退兵；再后来，围攻宋国整整五个月，宋都城绝粮，发生了易子而食的惨剧，庄王听说后，心中不忍而撤军。

终于，楚国再次与北方霸主晋国在黄河遭遇，晋国担心楚国强大，自己会丧失霸主的地位，而楚国则欲报当年城濮之战的大仇。一场大战无可避免，双方势均力敌，相持不下，楚将唐狡率本部奋勇杀入晋国阵地，晋军大乱，楚军得以大胜。楚王想赏赐这位勇猛的将军，唐狡说："我已经得到大王的赏赐很久了，这次只是报答君恩而已。"楚王很奇怪，问："寡人并不认识爱卿，何来报答一说呢？"唐狡回答："我就是当年绝缨会上的罪人啊。"

无论是绝缨会上的豁达，还是问鼎中原后的反思，抑或是恢复于陈、解围于郑、怜悯于宋的大义，楚庄王已经从不飞不鸣的荒糜蜕变为一位仁施武备的霸主。

酒局中可以看到一个人的胸襟，这胸襟决定了成就。

第十二局：外交辞令

主饮：齐顷公；主陪：逢丑父、韩厥；主宾：郤克；地点：华不注山

晋国的外交大臣郤克，盲了一目，出使齐国时，正好遇到鲁国的秃子使者，卫国的瘸子使者，曹国的驼子使者。齐顷公为了逗乐自己的母亲，故意让本国的独眼龙、秃子、瘸子、驼背装扮成接待人员，在朝堂上"对等接待"，引得母亲哈哈大笑。侮辱大使如同辱国，从此齐晋诸国结下深仇。后来两国大战，齐国战败，晋国要求让齐顷公把讥笑使者的老妈送来作人质，此也算是外交史上最荒诞绝伦的要求了。

郤克回国做了执政大臣，遇到齐国攻打鲁国卫国，两国向晋求援，郤克立刻决定救援。齐顷公也是个好战之徒，亲自率队奔走一夜赶到鞌地，望着郤克率领的晋国大军，他自信地说："传令三军，灭了他们，再吃早饭"（"灭此朝食"成语出处）。

齐顷公身先士卒，杀入晋师。郤克击鼓指挥抵抗，被射中左肋，重伤，血流到了鞋子，鼓声渐缓，驾车的人鼓励他："旗鼓是三军进退的依据，您还没死，就不能松懈。生死有命，应振作起来，尽忠报国。"郤克新仇旧恨一起发作，精神亢奋，连连击鼓，晋军听到后士气高涨，反败为胜。

第十二局：外交辞令

副帅韩厥单车追杀齐顷公，顷公的射手看出来韩厥身份高贵，是一位君子，想要射死他。齐顷公说："既然认出来是位君子，就不应该杀对方。"只射倒了韩厥车上的同袍。韩厥穷追不舍，齐顷公慌不择路，驾车绕着华不注山飞奔，一前一后，追了好几圈。结果顷公的车出了故障，被韩厥追上了。忠心耿耿的仆从逢丑父匆忙换上齐顷公的衣裳，并与之交换了位置。

韩厥下车，从车里拿出玉璧和酒杯，在山风瑟瑟、山石嶙峋的荒郊野外，对着齐顷公进行了一场受降演出。这一场酒局的辞令，堪为外交经典。他拦在车前，拜了两次，说："晋王不能推辞鲁国卫国的邀请，带着群臣来您的大齐国，请您明示我们的罪过，导致了误会而发生了战争，我韩厥不幸在军队里充数，更不幸冒犯了您，现在请您允许我给您驾车，带您到我们的小国去指导工作。这玉璧，是我这外邦之臣献给您的，以表敬意。这酒，如果您许诺允许我请您回晋国，就请喝下去。"这套谦逊的话语背后，是胜利者的狂喜与自大，隐含义是：我抓住了你，要带你回去接受审判。

君王打扮的逢丑父对仆从打扮的齐顷公说："我不喝酒，你给我取盏清水来。"韩厥正在进行礼仪演出，自然不便阻止一个仆从去打水。等了半天打水的没回来，也没有在意，高高兴兴地逼着假顷公喝下酒，带回晋军，献给大元帅郤克。郤克准备奚落这个奚落过自己的齐顷公时，发现上当了。

齐顷公逃回齐军，整顿军队重新杀回战场，在千军万马中三进三出，直到救回了逢丑父。

再过了一年，齐晋两国重新修好，齐顷公来拜会晋景公，在酒宴上目不转睛地看着韩厥。韩厥问："您还记得我吗？"齐顷公大度而诙谐地说："虽然您换了身衣服，我还是认得啊。"韩厥举起酒，又来了一段说辞："当年正因为我的无能，才换来今天两位君王欢洽一堂啊。"

我们敬酒辞令的典雅、虚伪、言不由衷，古已有之。可惜我们身在局中，往往不能觉察。

第十三局：掩耳盗酒

主饮：司马子反；主陪：谷阳；主宾：楚共王；地点：鄢陵战场

楚晋两国接壤，又都是大国，彼此之间进行过多次争霸。鄢陵之战，是两国间最后一次大规模战役，楚国战败后一蹶不振。而这败绩，全由一场荒唐酒局导致。

楚晋之间历年交兵，生灵涂炭，当晋景公掉到厕所淹死后（此古今中外去世最离奇最倒霉之帝王），宋国作为老盟主遣使吊问，并且希望调和两国矛盾。当时大国之间早已是尔虞我诈，毫无诚意。两国首相先行接触，几次沟通后，楚晋由宋国主持了"弭兵会盟"，也即消弭争端的大会。这样的会盟举行过两次，说是弭兵会，实际上是"分饼会"，会议规定除了大齐国、大秦国之外，大家都向楚晋两国纳贡，承认两国在诸侯中与齐、秦并列的领导地位。

楚国的大司马子反十分不高兴，觉得两国之间的战与和，本该与他有莫大关系，议和这种大功劳居然没他的份，何况大敌国议和了，自己这主掌军权的大司马就要受冷遇了。所以一心想破坏盟约。他找了个借口，教训了郑国，让其背弃晋国，并且去打一直主持会盟的宋国，晋国坐不住了，对郑用兵，楚国援郑，幕后两国走出前台，在鄢陵排兵对阵。

第十三局：掩耳盗酒

晋国有叛臣跟随楚王登上高楼，观察晋军动静，告之楚王对手在召开会议、在占卜凶吉、在布阵誓师，还告诉了晋厉公的位置。同样，楚国令尹之子也在晋师里出谋划策。鄢陵之战极其惨烈，双方国君亲自上阵，将士折损大半。但晋将军郤至杀到楚王身边时，恭敬地脱帽下车，韩厥也不真正追杀楚共王盟友郑伯。在两国执政君子层面，未尝不希望两国和为贵。激战中楚共王被晋国大将射瞎了一目，他给了神箭手养由基两支箭，让他为自己报仇，养由基不负所望，一射而中。楚共王觉得养由基射技太高，不允许他过于杀伐。拉锯战时楚军受挫，叔山冉说：虽然楚王有令，但现在为了国家获胜，你必须射击。养由基箭无虚发，射杀对方将领，扳回了劣势。战斗从早到晚，相持不下，双方暂时休兵，约定次日决战。

看到晋国兵力强劲，楚共王忧心如焚，与群臣商议对策。司马子反日常最爱饮酒，每次要饮百觚，一醉数日才能尽兴。这次大战期间，他也自行约束，滴酒不沾。但交战已久，良策全无，一筹莫展夜不能寐之际，宠仆谷阳不忍心，暖了一杯美酒，递给他消愁。子反闻到酒味，惊愕地问："是酒吗？"谷阳知道主人想喝，但军法不允，回答说："这不是酒，是花椒汤。"子反会意，一饮而尽，觉得甘香润喉，妙不可言，大叫："还有椒汤吗？"谷阳说多着呢。子反频频豪饮，颓然大醉。楚共王久候大司马不至，只好亲自去大帐找他，一进来闻到酒气扑鼻，司马子反呼之不应，扶之不起。共王只好让人护送子反，亲自号令退兵。左右将大司马绑在马鞍上，走了很久，子反才醒过来，得知已经兵败班师，急得大哭。楚共王担心他过于自责，就传命说："这次是寡人亲率大军，兵败罪在于我，不在于大司马。"首相婴齐痛恨子反破坏联盟，派人对他说："你饮酒误事，使楚国蒙辱，还有什么想法吗？"子反羞愧不已，自杀谢罪。

谷阳的小忠，实损大节。饮酒误事，此酒局中常见者。陆游说："事大如山醉亦休"。但从来醉亦不能休其事也。以醉为辞，至于放纵，无异于掩耳盗铃。

第十四局：置酒泰山

主饮：晏婴；主陪：王左右；主宾：齐景公；地点：泰山

这是一场登高临远、抒发生命感慨的酒局。

齐景公想既一展宏图，又能安于享乐，不想辜负百姓和祖宗，又不想亏待自己。所以治国之余，常常打猎登山听歌看舞。《晏子春秋》里齐景公发誓戒酒无数次，次次不成功，晏子数落他无数次，改了又犯，犯了又改。

齐景公深夜跑到晏子家敲门，晏子问："您半夜到访，难道国家有什么动荡吗？"景公说："我有好酒好乐，想跟您一起欣赏。"晏子拒绝参加。齐景公又跑到司马穰苴家，司马也拒绝了。又到梁丘据家，梁抱着琴竽歌舞着出来作陪。景公感叹："没有晏子和司马，国家就没救了。没有梁丘据，我也快乐不起来。"

景公喝醉酒丢了帽子，觉得愧对群臣，就不上朝。晏子说："这点小羞耻没什么，您应该在政事上搏回颜面。"景公连忙济穷困，轻刑法，老百姓得了实惠，都唱歌说希望大王再丢一次帽子。

景公有一次喝了七天七夜的酒，大臣弦章说："这么下去国将不国，您再不戒酒，我就去死。"景公对晏子说："再喝吧，弦章真的去死我也觉

第十四局：置酒泰山

得不对，但听他的吧，今后就受制于大臣了，怎么办？"晏子说："幸好弦章遇到您了，要是遇到商纣王那样的，不是死定了吗？"景公被挤兑住了，没办法，又戒一次酒。

景公在泰山上置酒，喝到尽兴时，从泰山上远眺万里莽原，突然悲从中来，大声长叹，叹息完又哭出声来，说："总有一天，我这个坐拥万里锦绣江山的君王也会死去啊。"左右陪酒的也大哭："我们不过是小人，都留恋人生，难以就死，何况您这一国之君呢。"

晏子拍着大腿仰天大笑，景公十分不满，恼火地说："寡人正在伤心，你一个人发笑，是什么意思呢？"晏子说："我看到一个怯懦的君王，几个谄媚的小人，忍不住发笑。"景公不高兴了："请问什么是怯懦，什么是谄媚呢？"晏子回答："物的盛衰，人的生死，都是天道。生命有其极限，自然也有其永恒，这有什么可悲叹的呢？如果人都怕死，都寻求长寿，姜太公（齐国首君）到如今还活着的话，您又怎么可能做君王呢？人到老了怕死，这不是怯懦是什么？左右不论是非，为您帮腔，不是阿谀是什么？"

登高是我们传统文化中一个永恒的主题。一旦登高临远，见到自然的辽阔雄浑，人会生发出对自身的关照，在空间的荒原上不过是细碎的微尘，在时间的长河里不过是渺小的水滴。所以陈子昂在幽州台上会发出"念天地之悠悠，独怆然而涕下"的浩歌。羊祜登岘山会感触而下泪，说："自有宇宙，便有此山，历代登临的人，都曾像你我一样在此远眺，如今都湮灭无闻了。"

齐景公在《晏子春秋》里是一个反面角色，处处成为晏子智慧和慈爱的反衬。但在泰山上的酒酣一叹，他引发了我们对生命本身的思考。这是人与生俱来的恐惧，也是人性深处不可被道理所教化的迷茫。人生短暂，我们将如何对待？关于生命的思考过于抽象而脆弱，这种形而上的沉重注定不会发生在今天的酒局里。

第十五局：乐师之会

主饮：师旷，师涓；主陪：师延；主宾：卫灵公，晋平公；地点：施夷之台

中国古代的音乐，被赋予了道德教化和与天地交流的力量。乐师之间最有名的故事是俞伯牙、钟子期的高山流水，在既像历史又像散文的《韩非子》中（作为韩非子"十过"的论据，具备较高史料价值），记载了二千五百年前，晋国施夷台的酒会上，三位乐师进行过的一场斗琴，这场对决诡异、曲折，也动人。

痴迷于音乐的卫灵公去拜访晋国，因为道远，留宿在濮水边。夜深人静时分，听到遥远处有人弹奏琴曲，那是一首从未听过的曲子，非常动人，问近侍，他们都回答没有听到。灵公召来随行的音乐大师涓。涓没有姓氏，是卫国乐官，有极强的音乐天赋。卫灵公说："我刚听到一首曲子，好像是鬼神在弹奏，别人都听不到，你来试试，把它记录下来。"师涓侧耳倾听了片刻，回答说："可以。"他静坐在地，手抚在琴弦上，听着微风中传来的微弱的、时断时续的音调，默记节拍。第二天，师涓说："已经记下了，但要熟悉，还需再住一晚。"于是卫灵公再住了一晚。

同样爱好音乐的晋平公在施夷之台上宴请卫灵公，酒酣时，卫灵公说：

第十五局：乐师之会

"我新近得了一首曲子，希望献给大王。"召来师涓，让他弹奏。

刚刚弹起，晋国的盲乐师旷便伸手按住琴弦，说："这是亡国之音，不要再弹了。"晋平公问这是什么音乐？卫灵公和师涓都答不出来，师旷说："这是商纣王时期，大乐师延的作品，属靡靡之音。纣王沉溺于此，不思国政，所以亡国。商朝灭亡时，师延投濮水自杀，我猜卫公这首曲子一定得自濮水上。"平公说："寡人别无所好，唯独喜欢音乐，就让他弹完吧。"师旷叹息着退下，师涓弹完了曲子，平公沉浸在余音中久久才回过神来，他问："这首曲子如此动人，叫什么名字呢？"师旷回答："这叫《清商》。"平公问："《清商》是世上最悲凉凄怆的音乐吗？"师旷说："不如《清徵》。"平公希望演奏《清徵》，师旷说："只有古代有贤德的君王才能听清徵而不迷茫，恕我直言，您的才德俱薄，不能听。"平公说："寡人别无所好，唯独喜欢音乐，你弹来我听听罢。"师旷没有再推辞，弹起《清徵》，琴音清澈，声闻于天，玄鹤飞来，翩翩起舞。平公非常高兴，拿起酒杯向师旷敬酒，问道："没有比《清徵》更动人的曲子了吧？"师旷回答说："不如《清角》。"平公希望演奏《清角》，师旷说："过去始祖黄帝在泰山上祭祀，驾着龙象之车，蚩尤开道，风雨之神洒扫，虎狼和鬼神拥护前后，腾蛇在下，凤凰在上，才做了《清角》之曲。您的德行不足以听这首曲子。"平公说："我已经老了，别无所好，只喜欢音乐而已，就算名败身死，也希望听奏此曲。"师旷不得已，弹起《清角》，黑云弥漫，大风飞扬，暴雨如瀑，摧裂了帐幕，打碎了器皿，吹倒了屋宇，平公、灵公躲在室内逃过一劫，接下来晋国大旱三年，赤地千里。

听声辨调能记鬼音的师涓，神乎其技能奏遗曲的师旷和创作亡国之音的已故师延，在施夷台的酒局中，进行了一场隔着时空的较技。师涓意态超尘，凝神弹起这首前夜得自濮水的曲子，清泠深微，荡人心神。酒筵一角，一个伫足静听的影子映在帷幕的阴影中，微微颔首，他是师延。而另一位盲乐师旷，以不可思议的技法，演奏出了关于音乐的最高境界。师涓、师延、师旷，以及濮水夜宿的卫灵公、好乐轻身的晋平公，因为对艺术的痴迷和执著，共同演绎了这场酒局里最可珍贵的一幕。

第十六局：晏子使楚

主饮：晏子；主陪：楚灵王；主宾：楚臣；地点：楚王宫

楚国一度横扫中原，只有西陲的秦、北方的齐可以与之抗衡。到了楚灵王熊虔，更是雄心壮志，跃跃欲试。齐国一表尊重，二探虚实，派来了使者晏婴到访，这就是著名的"晏子使楚"。楚灵王想借此良机，挫一挫齐国的威风。

很多帝王看谥号就大致知道他们生前是好是坏，是能是劣。比如"灵"在谥法里代表懒惰、损耗国家。楚灵王修建了当时中国最宏伟的宫殿"章华台"，宏伟到什么程度？据说要登上高台，得休息三次。灵王喜欢身材苗条的人，所以朝堂上下减肥成风，"楚王好细腰，宫中多饿死"。总之楚灵王是个昏庸自大之徒。

听说齐国使者晏婴身材矮小，楚灵王心生一计，故意让迎宾不开大门而在大门边又开了个小门，以此羞辱晏子。两国交往，哪有这样对待大使的？晏子讥讽说："狗国才会从狗洞出入，我出使楚国，不至于要进狗洞罢？"迎宾无言以对，只好安排走大门。

楚灵王又安排了些形体健硕的大汉迎驾，但政治家不是比身高，而是比文治武功，比胸襟气魄，晏子根本不吃身高压迫这一套。

第十六局：晏子使楚

　　灵王看到没有占到便宜，颇不甘心，决定在见面招待会上给对方个下马威。果然，一见面就问晏子："齐国难道没有人了吗？"晏子回答："齐国地大物博，人多得一起呵口气就形成云，挥把汗就形成雨（成语"挥汗如雨"出于此），走路的人肩挨肩，站着的人脚挨脚（"接踵摩肩"出于此），怎么说没有人呢？"灵王马上一语双关地挖苦道："既然这么多人，怎么派你这个小人来访啊？"晏子回答："齐鲁大地是礼仪之邦，出使是有一定规矩的，大人出使大国，小人出使小国。我最矮最没用，所以出使楚国。"灵王哑口无言，群臣马上插科打诨，斟酒来喝。

　　喝到一半，几个武士捆着一个人从殿下过，灵王又故意问："抓的是什么人啊？"武士回答是齐国人。灵王来了精神，又问："犯的什么罪啊？"武士回答是盗窃罪。灵王马上盯着晏子说："齐国人都喜欢做贼吗？"晏子微笑着回答："楚国的橘子在江南是甜橘，移植到江北，就成了苦枳。枝叶都一样，味道大有不同。为什么呢？水土不服啊。齐国人在齐国不偷盗，到了楚国，就成了强盗，估计也是风俗问题。"灵王一听，也不再问了，再问估计还要丢人，厚赐晏子，送他回国。

　　晏婴轻易用二枚桃子解决掉齐国三位威福自重的三个猛将（成语"二桃杀三士"出于此），并且将齐景公调教于指掌之间，区区一个马上谥"楚灵王"的家伙他哪会放在眼里。景公爱马死了，发脾气要肢解养马人，晏子慢悠悠地地问："从尧舜这样的明君以来，肢解人的事，谁干过？"景公怅然说："我不能开这个头啊，放了吧。"天大雪，景公披着袍子说天气也不冷啊。晏子劝谏道："做君王，饱了要知道有人饥；暖了要知道有人寒；轻松要知道有人劳苦。"景公马上发放衣服粮食给国人。

　　酒局里的言辞争锋所在多有，以轻浮来试探蕴藉，以蝇营狗苟来试探雄心壮志，以小聪明来试探大智慧，那只能自取其辱。

第十七局：专诸刺吴

主饮：公子光；主陪：专诸，伍子胥；主宾：吴王僚；地点：公子光宅

专诸是古代四大刺客之首，他在一场酒局中铸就传奇。实际上这场酒局的主、客、宾都是盖世英雄，他只是一枚棋子、一尊酒具、一柄凶器。

老吴王偏爱自己的小儿子季札，想把王位传给他，季札是古代著名的音乐评论家（他曾在鲁国点评各诸侯国的音乐，凭这些音乐判断各国的理想、现状与未来），同时还是一位道德模范，不肯僭越哥哥，所以一再推辞不肯接受王位。老吴王想了个办法，规定吴国政治体制继承法按照"兄终弟及"原则，不同于中原嫡长子制。他死后，传给大儿子，大儿子死了，二儿子继位，依此类推，老四季札最后肯定能当上国王。大哥二哥很地道，都是死前就传位给弟弟，但三哥不愿意按规矩出牌，死前直接传给了自己的儿子也就是吴王僚。这就引起了大侄子（大哥长子）公子光的不满。公子光觉得，本该是四叔继位，四叔高风亮节，死了多半还会轮到自己。三叔传给堂弟后马上恢复了嫡长子继承制，他们一家代代相传，就没自己什么事了。兄弟叔侄本该亲密无间，但权力的诱惑无可抵御，公子光一直耿耿于怀，谋求篡位。

这时候专诸遇上了让自己成名也让自己赴死的枭雄伍子胥。伍子胥的

第十七局：专诸刺吴

父兄刚刚被楚平王杀死，他逃难到吴国，过昭关时一夜白头，他立志要伐楚报仇，便向吴王僚陈述攻打楚国的利害与方法。公子光劝阻说伍子胥仅仅是为自己一己之私，未必是为了吴国利益而攻楚。伍子胥不仅看到吴国王室不合，还清楚地看到公子光的心思在国内，对外战暂时没有兴趣。于是押宝在公子光身上，屈身跟随公子光，还向公子光推荐了勇敌万人的专诸。公子光待专诸为上宾，厚养他的老母弱子，专诸被他们设局感动，也愿意以身相报。

后来楚国内乱，吴楚相接，吴王僚趁机想占点便宜，调兵入侵楚国，楚国防范甚严，将吴国军队围困住，进退不得。吴国国内军备空虚，公子光觉得机会已至，与伍子胥商议后决定动手。他设宴邀请吴王僚，僚的母亲看出不太对劲，叮嘱儿子多带兵马赴宴。公子光也在室内埋伏下亲兵，只等吴王驾临。

兄弟之间兵戈侍饮，吴王僚如坐针毡，公子光心怀忐忑，双方都没有一点欢饮的情绪，虚与委蛇地酒过三巡后，公子光借口脚疼，暂时避开。事前公子光和伍子胥处心积虑安排专诸在太湖学烤鱼三个月，厨艺精良，所以这次酒宴上，专诸以厨师身份侍奉左右。专诸献上了一条鱼，接近吴王僚时，快速从鱼腹中抽出短剑（后世称为"鱼肠剑"），刺杀了吴王。吴王的侍卫一拥而上将专诸乱刀砍死，公子光随即指挥亲兵，杀光了群龙无首惊慌失措的侍卫。

公子光控制朝臣，宣布登基，随后逼走了叔父季札，成为战国时期一代霸主吴王阖闾。伍子胥也得偿所愿，成为吴国权臣，数年后借吴军攻破楚国都城，挖开楚平王的墓，鞭尸三百以泄其愤。

极大的恩惠背后，往往隐藏着极大的索求。专诸的命运即是如此，他勇武过人，也不过是公子光手中的一枚棋子。高明的权谋家，在布下第一粒棋子的时候，就已经把控住了整个棋局的走势。

我们的酒局里不缺少报答知遇之恩而披肝沥胆的专诸，不缺少图一己私欲而无所不为的伍子胥，也不缺少深谋远虑玩弄他们于指掌之间的公子光。

第十八局：越王入吴

主饮：越王勾践；主陪：伯嚭，范蠡，西施；主宾：吴王夫差；地点：江上

在严肃的正史《左传》、《史记》与带有虚构特色的《国语》、《战国策》中都不见录，只在《吴越春秋》中有记载，这就是越王入吴出吴的两个酒局。

吴国地处江南，没有受到中原诸侯争霸的影响，依附楚国得以偏安。晋国攻打楚国时，派了使者游说吴国，教给他们作战、射驭、造兵的技术。吴国铜锡矿产丰富，所造兵器精良，反过来经常攻击楚国，楚国就开始联合越国牵制吴国。伍子胥大破楚国之后，吴王阖闾便举兵整治楚的同盟——仗着"舟楫之利"的越国，但出师不利，阖闾受了重伤，死于军中。其子夫差继位，过了五年，倾国之力伐越报仇。双方殊死厮杀，吴军大胜，把越王勾践围困在会稽山上。勾践无路可逃，越国大臣文种贿赂吴王宠幸的伯嚭，表示愿意俯首称臣，否则数千战士将会决一死战。伯嚭劝说夫差，越国臣服，先王大仇已报，没必要赶尽杀绝。吴王夫差同意了勾践的求和，条件是越国宝物全部归吴国所有，越王夫妻到吴国为人质。

勾践夫妇整装入吴，越国大臣都来到浙江之上相送。愁云惨淡，江风

第十八局：越王入吴

刺骨，勾践与群臣举酒相别，虽然即将去到敌国，生死未卜，勾践依然有条不紊地将国政一一委派给各司职，在治民、外交、法制、军事、农业等方面作出了长远的部署。然后登船，大声说道："我蒙受丧国为奴的大辱，再也不以生死为念了。"群臣望着孤帆远去，无不痛哭流涕。

在吴国，勾践被拘禁在吴先王阖闾墓旁的石室，让他为这位世仇守墓。越王蓬头垢面，除粪养马，并为吴王夫差牵马执鞭，遭受了吴国上下的羞辱。伍子胥一直要求杀掉勾践，他认为勾践如同深山虎和大海鲸，如果放虎归山、纵鲸归海，终将贻害吴国。但伯嚭受了越国的好处，时时劝夫差要有胸襟气度。胜利者往往容易被恭维说服，所以勾践在吴国并未受到虐害。三年后，勾践经历了为夫差侍病尝粪的龌龊，感动吴王，得以被赦回国。

越王出吴时，吴王置酒相送。希望勾践能"必念始终"，思恩不思怨。越王叩头回答："上天苍苍，臣不敢负。"

回国后，勾践复仇心切，卧薪尝胆，励精图治，求得精通剑术的越女和精通弓弩的陈音来训练士卒。同时进献了美人西施给吴王，"以娱其志"。夫差大喜过望，荒糜沉醉，疏于朝政。十八年后，勾践再破吴国，夫差求和。勾践回答说："当年天以越赐吴，吴不取。如今天以吴赐越，越不敢违天命。"夫差听罢，自杀，吴国灭。

西施的去向，一直众说纷纭。有人说她跟从范蠡去了五湖四海；有人说勾践愧对这位为国献身的美人，狠心杀了她；有人说西施因美色误了吴国，故而也不能容于越国；也有人说勾践夫人心怀嫉妒将她沉江了。总之，她是吴越相争的残酷里一点微弱而绚丽的光芒，留下传奇，却无足轻重。

越国由弱而强吞并吴国，早已在越王登船入吴的酒局里埋下了种子。那是一场运筹帷幄、眼光远大的酒局。越王在失败的绝境里，给自己规划出一条长达二十一年的道路，并且谨慎而艰难地走到了胜利的终点。越王的酒局告诉我们："包羞忍辱者，终能成大事。"而吴王的酒局正好相映成趣，它告诉我们：誓言是不可信的，利益是所有誓言唯一的目的。

第十九局：小隙生害

主饮：智伯；主陪：韩大夫，魏大夫；主宾：赵简子；地点：蓝台

晋文公回国之后，跟他流亡的几家都被分封为卿士，他们轮流执政。多年后，此消彼长，只剩下智氏与韩氏、赵氏、魏氏四家。当时的中国，是一个联邦制社会，只是周天子早已成了摆设，各个联盟之间和联盟内部也在进行惨无人道的兼并之路。其中智氏最强，智宣子想传位给瑶，参谋智果说："瑶这小子，有形象，有武功，有文化，有口才，有勇气。但惟独不够仁义。以这五项长处来行不仁不义之事，恐怕没有好结果。"但智宣子不听。

瑶继承父位，史称智伯，他联合赵无恤攻打郑国，郑国在春秋战国时代，是真正意义上的"四战之国"，王应麟考证"春秋战争之多莫如郑"，郑国每年都会多次被周边各国蹂躏，倒也维系四百多年没有亡。智、赵貌合神离，为谁先当炮灰攻城吵了起来，最后联军小胜而退。庆功宴上，智伯喝醉了，用酒器砸伤了赵无恤。虽然没有当场反目，但双方已经结下仇怨。

不久，智伯邀请韩大夫、魏大夫在蓝台这地方喝酒。仗着自己实力最强，酒后不免胡作非为，调戏韩大夫，韩氏家臣段规上来"救驾"，因为

第十九局：小隙生害

个子矮小，被智伯狠狠侮辱了一番。宴罢后，参谋智果说："据我观察，韩大夫心怀怨恨，段规也不是善茬，您应该一不做二不休，不然可能会有杀身之祸。"智伯说："现在智氏最大，祸不祸的，我说了算，闹事也应该是我来闹，他们谁敢闹？"智果劝说："古语'一日三失，怨岂在明'。每天咱们都有过失，这些过失往往是不经意就犯下了。不在小事上注意，就会惹下大麻烦。您摆酒席当众侮辱了大夫和家臣，不做预备，这可不行。黄蜂、蚂蚁、蚊子这些小东西，你要是惊吓了它，都能伤害人，何况是拥兵自重的大夫呢？"

智伯不听，骄妄如故，赶走傀儡晋出公，另立了新君。以此为借口，智伯向韩大夫要地，名义上说献给新君，实则想据为己有。韩大夫怀恨在心，不想给，段规劝说："智伯这人好利而固执，不给地，他就来打我们。我们给了，他一定还会找另外两家要地，说不定就会打起来，我们就有机会翻盘。"韩大夫很以为然，立刻献上万户之城。果然智伯大喜，接着找魏大夫要地，魏也有高人，建议隐忍，"将欲取之，必姑与之"，也给了一座万户之城。智伯兴奋过头，居然去找已经结怨的赵无恤要地，赵无恤一口回绝，结集士卒准备开战。智伯率领韩、魏联军来攻打赵氏，赵无恤让人找到韩魏大夫，说出了"唇亡齿寒"的道理，今天赵被灭，明天就会轮到韩、魏。二位大夫早有叛智之心，如今大军对垒，正是天赐良机，一拍即合，临阵倒戈，里应外合，掘开河堤倒灌智伯大军。智氏自此被灭族，赵无恤为泄愤，还把智伯的头颅做成了酒杯。强盛的晋国，自此一分为三，即韩、赵、魏，史称"三家分晋"。

如此大的战乱和分裂，谁也不会想到起因是酒局里小小的玩笑。蚋、蚁、蜂、虿，物之微者，皆能害人。嬉、笑、嘲、嗔，言之微者，皆能伤人。酒局中宜慎言慎行，一言不慎，往往难以收场，而导致贻害无穷。

第二十局：范台良言

主饮：梁惠王；主陪：诸侯；主宾：鲁共公；地点：范台

梁惠王，也即魏惠王（大梁是魏国都城），在范台宴请各国的君侯，酒酣耳热，其乐融融，完全不似平时侵伐不休、恨之入骨的样子。席间梁王向鲁王敬酒。鲁是老牌帝国，是周天子最亲近的邦国，爵位除了周室宗亲外最为尊贵。在古代爵位分为五等：公、侯、伯、子、男。这些身份在初期丝毫乱不得。比如宋国的宋襄公，就是贵族老大，公爵身份。鲁国和齐国是侯爵身份，但在侯爵中又是最尊贵的。楚国爵位最低，是子爵。楚国强大后，不满足于此，自称为王。中原诸侯都笑话他，史官也记载作"楚子"。后来各国之间互相兼并，周室式微，无从管辖，公、侯、王乱叫，逐渐乱套了。所以到了孔子的时候，就感叹"礼崩乐坏"了。韩、赵、魏就是原来的晋国三个大夫的封地。

梁王虽然叫王，实际上身份比鲁王差了好几个档次。

齐鲁大地乃是礼仪之邦。鲁共公面对这个既要讲礼节，又要讲面子的梁惠王，自然要说一番话。赠人千金，不如赠人以言。他说：

"很久以前，仪狄造美酒，献给了大禹，禹喝了之后赞不绝口，但他克制自己，说：'酒是好东西，但后代一定有因为美酒而亡国的。'齐桓公

第二十局：范台良言

有一天肚子饿，想吃东西。易牙就做了美味佳肴给他送上，齐桓公吃得很饱，睡醒了剔着牙说：'美味佳肴是好东西，后代一定有因贪吃而亡国的。'晋文公娶了大美女南之威，三天没有上朝，一发狠就把南美人赶走了，还说：'后代一定有因为贪恋美色而亡国的。'楚灵王登上高台，觉得山水之美可让人乐极忘死，于是楚王发誓不再登高游乐。后来他说：'后代一定有因为大兴土木而亡国的'。

"现在您酒杯里盛着美酒；桌上放的是美味佳肴；您身边都是南之威一样的美女；您生活处处是高台华屋。这四者中占有一种，就足以亡国了，何况兼而有之，您要警惕啊！"

梁惠王没有什么可警惕的了，他是一个命比纸薄的国王。老臣公叔痤临死前向他推荐年轻有才的卫鞅，他不肯接纳，公叔痤又说："你既然不用他，那就杀了他罢。"梁惠王觉得老头病入膏肓说胡话了。卫鞅反而安慰公叔痤："大王既然不听你的而用我，也不会听你的而杀了我的。"他从容去到秦国，改名商鞅，实施了变法大策。

梁惠王任用大将庞涓，本想着振作一番，但庞涓心胸狭隘，妒贤嫉能，一心谋害同学孙膑，被逃到齐国的孙膑打得狼狈不堪。他任用合纵连横的大反派、秦国丞相张仪为相国，导致一点家底彻底丧失。他也曾问道于孟子，但被孟子劈头盖脸批评了一通。

范台酒宴上鲁王的一席话，对梁惠王而言不过是老生常谈，并无新意。君子应修身养性，朝勤夕惕。若三五良朋，偶溺酒色，亦属人之常情。酒局中宜讲风趣，不宜讲道学。酒人之乐，原非道德家所能理解。因此我们的酒局里再不会有逆耳之言，即使有，也没有人会接受。

第二十一局：齐人之福

主饮：齐人；主陪：妻；主宾：妾；地点：墓地

这并不是真实存在的一个酒局，是孟子书里的一则寓言，是一场寒碜的酒局。

齐国有人娶了一妻一妾（现在形容人艳福不浅，往往会用"齐人之福"这个成语，但实际上这位齐人贫苦窘迫，毫无福泽），妻妾每次看到丈夫出门，回来时必定吃得酒足饭饱。妻子问他平时都是与一些什么样的人饮酒吃饭。他回答都是一些非富即贵的人。妻子对小妾说："我们的良人每次出门，必定酒足饭饱才回来。我问他与谁吃酒，他回答说全是显贵朋友。但我们家里从来没有过什么显贵的亲戚，所以我想跟着他去看看到底是怎么回事。"

次日，妻子悄悄跟着丈夫一道出门，发现丈夫的人缘很普通，一路上连愿意与他谈话的人都没有，更别说他去什么体面的朋友家拜访了。最后一直跟到东城门外，丈夫混进了送葬和祭拜死人的队伍里，跟随他们哭号，乞讨他们祭祀的残羹冷炙。一个地方吃不饱，便又向别的墓前去讨。啊，这就是丈夫的酒足饭饱之道！

妻子独自回来，告诉了小妾。她悲叹地说："他是我们所指望终身的人，没有想到会是这样的。"妻妾在屋里相拥而泣，而丈夫毫不知情，大摇大摆地回到家里，再次厚颜无耻地对妻妾夸口炫耀。

　　孟子说：追逐富贵的人，就和这个齐人一样，寡廉鲜耻，摇尾乞怜。他们的妻妾也不免于蒙羞。

　　和所有的寓言一样，只注重结论和申发，而不再关注故事与人物本身。可恨之人必有可怜之处。齐人是贫寒之士，宁可乞食于郊外，也不使妻妾受冻馁，他之所以"骄于妻妾"，想来是让她们安心，不必为他的生计而忧愁。这纸糊的尊严终于被捅破，瞬间坍塌。故事最终留给齐人的，定是信任的危机、自尊的毁灭和为生计努力经营的戛然而止。齐人觍颜堆欢、取食饮酒的时候，他佝偻的身形、不自信的目光以及嘴角的一丝苦涩，是否也被自己的妻子所觉察、所理解？

　　孟子的一生，都奔波在列国之间兜售自己的仁义道德，但至死不被起用：当时的中国已经是礼崩乐坏、战乱频仍。孟子营造了一个理想国，希望能够匡扶天下，但在现实中四处碰壁，只能孤零零地周旋在其间。他提出民贵君轻，死后成为媲美孔子的亚圣，明代却被朱元璋赶出孔庙。他的一生备受艰辛，实在与自己笔下的齐人相去不远。

　　我们时常会识破一些小小的谎言，结局是对方尴尬，我们窃喜。尴尬的真相背后，往往藏着一份难言的苦衷，这需要悲悯和宽容。古人说"人至察则无徒"，真是深谙世事的箴言。

　　真正的齐人之福，不在于他一妻一妾的风流，而在于他自我营造了一个想象中的富足的世界，在那里他身份高贵，交游广阔。他与我们卑微的生活何其相似，这份臆想中的幸福也同样不堪一击。

第二十二局：敬小求大

主饮：淳于髡；主陪：齐威王；主宾：农夫；地点：野外

这两则故事一虚一实，都没有影响现实的价值，但颇能体现中国酒文化的一些特点。

齐国从姜太公手里传下来，史称"姜齐"，在诸侯国里威望很高，齐桓公更是成为春秋第一位霸主。陈国内乱，公子完逃到齐国寻求政治避难，桓公授予他官职，公子完改"田"为姓氏，为齐国服务。

桓公死后，齐王室一代不如一代。田氏日渐强大，将姜齐最后一代君主齐康公放逐到海边，自立为王，史称"田齐"。引狼入室，恐怕是桓公始料未及的。因为怕别国以谋篡为借口讨伐，所以田氏依然以齐为国号。

诸侯国曾经把弱小的楚国叫蛮夷，蛮夷长大，把周边国家全灭了，成为版图最大的诸侯。楚国一路北伐，势如破竹，把鲁国也灭掉了，移兵齐国。齐国这些年一直都在做防守，大修长城，想御敌于国门之外。但长城只是脆弱的防线，根本挡不住滚滚车骑，更挡不住一个大国崛起的野心。

齐威王自知无力相抗，不得已，从国库拨十驾车马、黄金百斤，让能言善辩的淳于髡带着这些礼物去向赵国求援。

淳于髡其貌不扬，但颇有才干。他拿到这份礼单，仰头大笑。齐王很

第二十二局：敬小求大

不高兴地说，现在齐国到了最危急的时刻了，您当堂大笑是何道理？淳于髡说："我来见您的路上看到一个农夫正在祭祀，听到他念叨：希望老天爷保佑，明年旱田谷满仓，水田稻满车，五谷丰登，财源滚滚。我看他供上的不过是一壶酒，一个猪蹄。祭品这样微薄，而所求的那么大。现在想起来，实在忍不住要笑了。"

齐王并不笨，马上改为黄金千镒、白璧十双、车马百驾。赵王看了，礼物够重，其心必诚，二话不说马上出兵救齐。

齐威王设宴招待班师救国的淳于髡，饮酒时看到他很有酒量，就问："平常先生喝多少才会醉？"淳于髡回答："有时候喝一斗会醉，有时候喝一石才会醉。"一石是十斗，一斗是十升，虽然那时候都是米酒，浓度不高，但谁也不能喝上几十公斤的酒罢，齐王说："您这就是瞎话了，既然喝一斗会醉，怎么可能喝到一石呢？"

淳于髡说："像现在这样子，我在您面前喝酒，检察官、武士、服务员围了一圈，我喝得胆战心惊，不用一斗，就要醉了；如果有亲戚来串门儿，我们叙叙亲情，其乐融融，估计能喝到两斗；如果是自己的好朋友，很久不见，远道相访，倾心交谈，那恐怕要喝到太阳下山，五六斗才会醉。如果是男女混坐，喝酒撒风，摸摸小手，耳鬓厮磨，眉目传情，这种场合的话，我就能喝上八斗。喝到晚上，男女同席，春情荡漾，这时候我心最欢，能喝满一石。"

最后，淳于髡总结说："所以呢，酒喝多了，必定把持不住，酒多生乱，乐极生悲，到了极点，必定衰微，万事万物莫不如此。"

齐威王觉得虽然是疯话，但很有道理，就停止了宫里经常举办的夜宴。

现代酒局很多时候是因事成局，希望在觥筹交错之间就能结深谊、获厚报，这是典型的农夫之智，敬小求大。

酒局中，有人浅尝辄止，停杯不饮。一则是饮酒过度有悖养身之道，勿相勉强；二则是彼此并未引为知己，不能亲密无间、狂呼畅饮，那就更不必相勉强。

第二十三局：以何为宝

主饮：齐威王；主陪：秦昭王，蔺相如；主宾：魏惠王；地点：齐魏之郊

魏惠王和齐威王在两国交界处会过一面。古代讲究礼仪，不是战争、祭祀，国君不能随意踏入别人的国界，否则会被视为侵犯领土。当年齐桓公帮助了燕国，燕王送桓公回国，两个人絮絮叨叨，太忘情了，一不小心送到了齐国境内，齐桓公二话不说，以立足之处为限，以北全部划归燕国。从此国君会面，都会慎重地选在预定的第三方或者两国交界之地。

两位君王会盟，自然大摆筵席，把酒言欢。魏王是山西人，酒量小一些，齐王是山东人，酒量大一些。所以魏王先喝多了，挑衅说："齐国有啥宝贝没有？"齐王一愣，回答没有。魏王得意洋洋地说："咱们魏国虽然小，也有鸡蛋大的夜明珠，光芒远射，可以供十二辆车走夜路，这样的珠子有二十颗。齐国这么大，怎么会没有宝贝呢？"可见比宝贝之风古已有之：前世是封神榜斗法，后世是石崇王恺斗富。齐威王一听就知道眼前这位是个废二代，怪不得山东出去的圣人孟子一见面就骂他"不似人君"呢。他笑一笑说："寡人的宝贝和大王您的宝贝有差异。我有四位贤臣，镇守四方，楚赵燕三国定期来朝，人民安居乐业，夜不闭户，连道德品质

都提高了。这四位，都是光照千里的贤人，哪里在乎您这种光照十二辆车子的小玩意。"

魏武侯是个贤君，他曾经对名将吴起说过：魏国的宝贝在于河山险固。吴起回答："当霸主凭的是仁德，而不是险固。"武侯听罢肃然起敬，可惜这两件宝贝都没有传下来，到了儿子惠王手里，沦落到以珠子当国宝了。

事有凑巧，不久后，秦昭王找赵王要和氏璧。这是楚国的宝贝，当初卞和抱着块石头献给厉王，验收不合格，被砍去一条腿；献给武王，又被砍去一条腿。卞和抱石痛哭，泪尽流血，别人说："你受刑是自找的，何必如此伤心？"他说："我不为失去双腿而伤心，我伤心宝贝被当成石头，忠贞之人被当做欺君之徒。"楚文王听了，让玉匠破开石头，果然是一块无价之宝，加以雕琢，命名为"和氏璧"。

秦昭王开出了条件，以十五座城池来换和氏璧。秦提出交易，赵不同意，则赵理屈；赵献璧，秦不献城，则秦理屈。权衡之后，赵王决定由蔺相如带璧入秦。秦王收下了玉璧，却不肯给出城池。蔺相如就借口璧上小有瑕疵，要指给秦王看，骗回了玉璧。持璧倚柱，声称小民之间尚且以欺骗为恶行，何况是大国之间呢？如果大王毫无诚意，则自己愿与玉璧一同撞碎。秦王虽然喜欢和氏璧，但也觉得这番话义正辞严，无可回避，舍不得城池，得到了玉璧，也会失信于天下，就放蔺相如回去了。这就是著名的"完璧归赵"的故事，当然，和氏璧最后还是归秦所有，并造为秦始皇的传国玉玺。

秦王以城池为宝，但还没有忘记信义的珍贵。赵王以和氏璧为宝，但幸好有蔺相如这样的人才。可谓各有所失，各有所得。

用心或诚或私，眼光或深或浅，品格或高或低，风度或雅或俗。它们永远无法调和，也无法对话，这也是酒局里常遇的尴尬。

第二十四局：冯谖为客

主饮：冯谖；主陪：薛城父老；主宾：孟尝君；地点：薛城

战国四公子中，最受人尊重的是信陵君，后世名声最著的则是齐国孟尝君田文，司马迁说当时天下任侠有六万多家住在孟尝君的薛城。

秦王多次希望让孟尝君来做相国，但最终疑而不敢用，便将他囚禁起来。门客盗得早就献给秦王的一件价值千金的裘衣，重新献给秦王的宠妃，吹过枕边风后，孟尝君得以释放。秦王旋即后悔，要追他回来。孟尝君一行已在深夜逃到函谷关。眼看追兵将至，天还未亮，城门不开，又有门客学鸡叫，赚开城门，才得以逃回齐国。

宋代王安石写过一篇百字小文，讽刺孟尝君门下只有这些"鸡鸣狗盗"之徒，所以成不了大事业。但孟尝君接纳四方，倒也门庭若市。

冯谖穷得无以活命，投到孟尝君门下。孟尝君问引荐人："他有什么爱好？"回答说没什么爱好。又问："他有什么本事？"回答说没什么本事，孟尝君出于怜悯还是收录了冯谖。

孟尝君的门客分三六九等。冯谖自然在最下一等，待遇是保证基本食宿。住了不久，冯谖就开始唱："宝剑啊，和我一起回去吧，吃饭没有鱼啊。"孟尝君一听，怎么能让门客发牢骚呢，传出去名声不好，给他提高

第二十四局：冯谖为客

了待遇。再过了几天，冯谖又唱："宝剑啊，和我一起回去吧，出门没有车坐啊。"大伙都讥笑他，孟尝君说：那就给他车坐罢。再过了几天，冯谖又唱："宝剑啊，和我一起回去吧，家里没人管啊。"大伙觉得他贪得无厌。孟尝君问旁人，冯先生还有家人吗？回答说还有个老母亲。孟尝君就让人也安排他母亲的生活。

因开销太大，俸禄无以供给三千门客，孟尝君就想让人去薛城收债。冯谖请求任事，孟尝君也非常信任地托付给他。走的时候冯谖问："收债完后买点什么东西回来呢？"孟尝君说："您看我家缺什么就买什么吧。"到了薛城，冯谖大买肥牛美酒，请所有欠债的人来开会，将其凭据全部烧毁。薛城父老们都感恩戴德，与冯谖开筵畅饮。

孟尝君听说了烧债摆酒的事，很生气，质问冯谖。冯谖说："您家里什么都有，唯独缺少仁义。我就将这些债买了仁义回来。"孟尝君觉得冯谖不可理喻，事不可挽，只好作罢。

再后来，孟尝君遭到齐王的疑忌，被贬回到薛城。薛城父老出城百里来迎接他，孟尝君感慨地说："这就是冯谖先生为我买下的仁义啊。"之后，冯谖为孟尝君求复原职而奔走，并且辅佐他为齐相数十年一直高枕无忧。

冯谖要求食有鱼、出有车，都在试孟尝君的眼力，孟尝君无此眼力，但他有着非凡的胸襟。如果说冯谖弹剑而歌时，不过是一个独酌的酒局；那么，他在薛城烧债券时，行的是一个万人狂欢的酒局。在这个酒局里，眼光短浅者，着眼于利；眼光远大者，着眼于义。如今的酒局里，示人以利往往效果好于示人以义。

到了隋朝，有位叫李士谦的，也曾在年成大荒时，召债家，设酒食，把所有借据付诸一炬。只是他的初衷，已经不是收买人心，而是出于悲悯无私的大情怀。

第二十五局：屈子行吟

主饮：屈原；主陪：渔父；主宾：楚怀王；地点：汨罗江边

屈子行吟，是一个孤独者的酒局，仿佛一幕荒诞剧，屈原戴着高耸的帽子，穿着宽大的衣裳。颜色憔悴，形容枯槁。一边走，一边吟诵，带着浓厚的楚国口音。

屈原是中国历史上第一位有署名权的诗人，在此之前，要么是集体创作，要么是作者不可考。屈原的代表作《离骚》和《九歌》，用楚辞体写成，这种诗长短交错，多用语助词，经过南方独特巫风民俗的浸染，与中原《诗经》文学四字一句、平正厚重的风格大相异趣。

当时的楚国，在鲸吞蚕食后的诸侯版图里，是唯一能与秦国争逐天下的。但楚偏安于南方，放任秦对中原诸侯的侵凌。秦希望与楚国结盟，这一示好背后，不难看出其目的，是便于腾出手去先侵略其他小国。屈原是楚王同姓宗亲，劝阻楚秦媾和，但秦强楚弱，楚王昏庸，以为藉此可以保有太平，于是接受了结盟。为表诚意，还将反对秦国的屈原流放到汉水一带。

秦国因侵掠而更加强大，为了对楚一举成擒，设下圈套，约楚怀王到武关赴会。屈原再次劝谏，但被怀王之子及秦国结交的权臣一力撮合，最后怀王被扣，客死他乡。力主父亲会盟的王子顺利登基，再次将屈原流放

第二十五局：屈子行吟

到更远的荆棘荒寒的湘巴之地。数年后，秦大破楚，占领国都，"烧先王之墓"，屈原于五月初五怀抱大石投汨罗江，以身殉国。

屈原因此也被人们奉为伟大的爱国诗人。他在诗篇里，感慨国家的艰辛，黎民的苦难，以及自己忠而见谤的忧愤。司马迁说读到《离骚》等篇，感同身受，至于落泪。

解放前，孙次舟教授提出屈原是同性恋，是楚怀王的男宠，是文学弄臣。这一见解石破天惊，引发了学术界的震动。朱自清认同这一观念，楚辞专家闻一多也撰文支持。文学之士一向被君主们以弄臣蓄养，屈原的弟子宋玉、后世的东方朔，都属此列。屈原的诗章里，的确最多的就是阴柔形象，用鲜花、香草、美人来自喻，并且很多诗句可以作出女性闺怨、失恋、孤独的解读。孙次舟、闻一多结合战国时期男风盛行，得出此推断，但毕竟只是一家之言。解放后，新派学者又将屈原推举为第一位浪漫主义和自由派的诗人，认为屈原的诗歌充满了神秘奇诡的想象和充沛的爱情宣言。

香草美人的背后，相思愁苦的背后，那种忠臣孽子的孤愤呼之欲出。

在《渔父》诗中，泽畔的渔父问他为何愁苦至此。他说出了让所有人内心深处为之一颤的话，这句话其重如山，其尖如刺，直指众生的灵魂："举世皆浊而我独清，众人皆醉而我独醒。"

渔父劝他沧浪之水清可濯缨，浊可濯足，何不顺应自然？

他拒绝了。他宁赴湘流，葬身鱼腹，也不愿意使自己皓白的节操蒙尘。

他是一个孤独的人，没有人理解他。渔父，是他自己虚构出来的一个对话者。这是两种处世哲学的冲突，屈原选择的那一种明澈纯净而且脆得如同瓷器。他用死来殉道理想、拒绝苟且。

没有宾主，没有杯盏，没有醉和醒，甚至也没有酒，他在这场漫长而苦涩的酒局里诗意地行走。

在众人眼里，他是如此孤独、如此固执。所有孤独者的结局都会是惨烈的。

第二十六局：将相失和

主饮：蔺相如；主陪：秦王，赵王；主宾：廉颇；地点：渑池

蔺相如出道的时候，廉颇已经是名震天下的大将军。蔺相如只是太监总管缪贤（宦者令）的门客，因为赵国得到了楚国的至宝和氏璧，秦昭王觊觎多时，下书给赵王，愿意以十五座城池交换这块玉璧。这就像俄罗斯所说：我愿意以海参崴和库页岛来交换贵国的四羊方尊。赵王并不笨，明白这显然是有去无回的买卖，和氏璧是一定要送过去的，城池是绝对拿不回来的。但就这样送给秦王，赵国尊严何存？不给秦王，为一块璧挑起战火也愧对国民。缪总管推荐了智勇双全的蔺相如出使秦国，秦王不愿意兑现十五座城池，蔺相如找借口再次把玉璧骗到手上，派人悄悄送回赵国。秦王舍不得城池，又不愿意为玉璧杀使者，更不愿意失信于天下，便放了蔺相如。

蔺相如完璧归赵不辱使命，赵王拜他为上大夫。

后来秦国攻打赵国，赵王希望和秦议和，约在渑池会盟。廉颇体现了军事家的远见，他与赵王诀别说："国内臣民等您三十日，不回来，我们就自立太子为王。免得秦王以您来要挟赵国。"楚国就是前车之鉴，楚怀王被扣在秦国，楚国为了避免被秦国勒索，立了新君。

第二十六局：将相失和

会上，秦王仗着势力强大，说久闻赵王喜好音乐，自己很有兴趣，请赵王鼓瑟听听。赵王不得已，鼓了一曲。秦王马上让史官记下来：某年月日，赵王为秦王鼓瑟。赵王气得脸色煞白，随从们也个个义愤填膺。蔺相如上前，说两位大王身份相当，我王鼓瑟，也请秦王击缶，击缶就是敲瓦罐子，这是根本不入流的器乐。秦王大怒，坚决不肯。蔺相如上前说："如果您这样无礼，我们也不是好欺负的，秦国虽然强大，我却只要五步就能与您同归于尽。"秦王见他按剑上前，心下害怕，忍气吞声敲了几下瓦罐。蔺相如也让赵国史官记下来：某年月日，秦王为赵王击缶。酒喝到一半，秦国大臣又挑衅说："今天这么高兴，赵王送十五座城池给秦王祝酒罢？"蔺相如回答："的确是宾主尽欢，不知道秦王愿不愿意用咸阳给赵王祝酒？"

秦王倒也没有翻脸，相比两国之间的利益关联，这只是小小波澜。赵王回来后，想到廉颇差点把自己推翻的危险，再想到蔺相如保驾保面子的大功，立刻把蔺相如升为上卿。

廉颇觉得蔺相如不过是逗口舌之能，怎么能和自己的赫赫战功相提并论？于是存心要刁难蔺相如，蔺相如处处避开，放话出来："我秦王都不怕，岂会怕廉将军？顾全大局，文武大臣之间不宜争斗，要是争起来，得利的是秦人，损失的是赵国。"别人都觉得蔺相如识大体，讲大局，廉颇不识大体，不讲大局。廉颇也很羞愧，脱下衣服，背起荆条，到蔺相如门前负荆请罪（成语"负荆请罪"出自此），这就是历史上著名的"将相和"。

多年后秦赵大战，赵王废弃沉着应战的廉颇，启用纸上谈兵的赵括，重病中蔺相如苦谏说赵括胶柱鼓瑟不堪其用，但未被采纳，导致赵国长平惨败。

将相失和，本质上是尊崇武力与尊崇智慧的冲突、是血性与理性的冲突、是追逐短期利害与谋求长远得失的冲突；我们是文明古国，其表象之一就在于几千年来，政治上重文轻武，军事上由文官节制武官。范仲淹、

将 进 酒

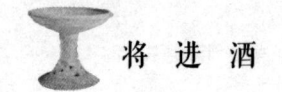

辛弃疾、王阳明，都是文臣率兵。传统认为，冲锋陷阵不如折冲樽俎；杀人掠地不如攻心服民。历史上不缺少像屈完退楚师、烛之武劝秦师、鲁仲连降燕师的故事，片言之间息兵止战：这不是文人的自我美化，这是真实的文化的力量。

第二十七局：绨袍之恩

主饮：范雎；主陪：魏齐；主宾：须贾；地点：秦相府

在威严肃穆的秦国相府中，来自魏国的使臣须贾浑身发抖，魂不附体，跪行到秦相国范雎座前谢罪。范相国端坐在上，责骂须贾："我之所以能饶你不死，是这件绨袍，让我略微感受到你的一点故人之情。"传令大开酒宴，让各国使节都来陪魏使，宾客们坐在堂上，而须贾被安置在堂下，桌上堆着马吃的粗豆料，让须贾陪着大家吃酒。等须贾狼狈地吃完，范相国对须贾说："滚回去把魏齐的头送过来，否则我要屠平大梁城。"

这是怎么回事呢？

范雎原是魏人，很有才华，但家中贫寒，就投身在中大夫须贾门下混饭吃。须贾常常出使他国，有时候就带着范雎。在齐国，范雎得到了齐王的赞赏，并私下赐给他厚礼。范雎不敢私受，婉拒了。须贾心胸狭小，听说此事后无中生有地猜忌范雎，回国后添油加醋地汇报给了相国魏齐。魏齐大怒，在一次酒宴上让人鞭挞这个不见经传而有私通外国嫌疑的年轻人，把肋骨打断了好几根，牙齿也打折了，打得他奄奄一息。魏齐还不满意，让喝醉的宾客在他身上拉屎拉尿，以示惩戒。范雎装死，魏齐才让人将他拉出去丢掉。

将 进 酒

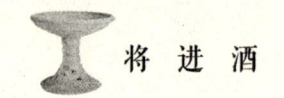

秦国的使者在魏国搜罗人才，访到了四处藏身的范雎，将他带到秦国。随使者回秦国的时候，遇到秦相国穰侯，声称不让说客入关，幸好范雎有准备，下车徒步才躲过搜查。

到咸阳后，范雎改名张禄，希望游说秦昭王。但昭王威赫自信，不肯见他，一年后读到他的书信才惊为天人，召见了他。二人一席谈话意见相投，张禄的才华得以施展，他制赏罚、定攻交，让秦国日益富强起来。张禄首先报复了穰侯，将他逐出国；为绝后患，甚至废除了穰侯的姐姐、昭王的亲母后。秦昭王非常信赖他，任命他为相国。当时秦国最强，故而张禄在列国中权倾一时，列国的存亡，几乎取决于张禄的意见。听说张相国要兴兵伐魏，魏王急忙安排须贾作为魏国使臣来拜会张相国，请求不要攻打。范雎得知这一消息，便换上破旧的衣服，做出穷困潦倒的样子，在街上"邂逅"了旧主人须贾。须贾或许由于身在异乡，看到昔日几乎丧命在自己谗言下的范雎，居然十分动情，请范雎吃饭，并且送了一件绨袍给他御寒。范雎感恩地说自己是相国的车夫，可以带他去见张相国，于是一同走到相府前，范雎自行进去了。须贾等了良久不见回音，就问旁边的侍卫，范雎怎么还不出来？侍卫大怒，骂他说，哪有什么范雎，刚才进去的就是相国张禄大人。

须贾惊惶之下，自忖死罪难逃，于是就上演了最前面的那一幕。

司马迁说范雎虽然是一代名相，但"一饭之德必偿，睚眦之怨必报"，性格有偏激的一面，这是他坎坷的经历使然。在这一酒局中，范雎终于扬眉吐气，一雪前耻。但也的确显得不够大气，乔装打扮了去试探故人之情还剩几何，在我们趋利趋贵的酒局中，故人之情还经得起测试么？

第二十八局：十日之饮

主饮：秦昭王；主陪：魏齐，虞卿；主宾：平原君赵胜；地点：秦宫

司马迁评价赵胜，是"翩翩浊世之佳公子"，但他资质平庸，名实不符。平原君作为赵国相国，任期内却没有什么政绩，曾三次被罢免，又因为姻亲关系三次被复用。

平原君家临近平民区，有人患腿疾，从他楼下过，他的侍妾讥笑那人行动古怪，第二天，残疾人找上平原君说："听说您得到士人归附，是因为您尊重他们。我不幸得了残疾，您的侍妾却讥笑我，我心中愤恨，希望得到她的人头。"平原君笑着敷衍他，答应了，事后对周围的人说："这人真是蠢货，我怎么能以一笑而杀人呢？"结果周围的人认为他不守信用，纷纷离开，平原君为了挽留这些人，果真杀了侍妾，跑去残疾人家里道歉，以挽回自己"得天下士"的虚名。

他曾出使楚国，希望赵楚结盟，临走从数千门客里挑出二十个文武兼备的人才，居然凑不足。有个毛遂自荐，他讥讽说："您在我这里呆了三年，如果是一个锥子放在布袋里，早就露头了，我怎么没听说过您呢？"毛遂回答："现在就请您把锥子放入布袋吧。"平原君勉强带上了他。在楚国，平原君与楚王议和，从早到晚，始终谈不拢，毛遂挺身而出，施展过

将 进 酒

人的辩才，游说楚王完成了结盟。毛遂感慨地说同行者都是碌碌之辈，想来也一定包括了平原君罢。

但平原君也不是全无魅力，赵奢主管税收，平原君家不肯纳税，赵奢一连杀了平原君九个管家，平原君要杀赵奢，赵奢说您是贵胄，不奉公行事，法律就会削弱，国家就会衰落。平原君觉得他很贤能，就推荐给了赵王。在秦赵之战中，赵国被围，形势艰难。平原君本来后宫数百，人人绫罗绸缎，也在别人的劝说下毁家纾难。

更有一场酒局，使他名扬四海。

当时秦相国范雎，原为魏国人，受过魏相国魏齐的侮辱，怀恨在心，攻打魏国来报复。魏齐逃到赵国，藏身在平原君门下。秦昭王有心为范雎报仇，就写信给平原君，很客气地说自己仰慕其人，邀请他到秦国，与自己来一场十日之饮。当时赵弱秦强，楚怀王也被秦昭王扣押着直至老死。平原君明知凶险，但不得不从。秦昭王招待他饮酒，同时威胁，如果不交出魏齐，就别想出关。

平原君断然拒绝了，他并非不知道后果之严重：自己生死悬于秦王一念之间、祖宗社稷恐怕也难幸免。但他回答说："魏齐是自己能共贫贱富贵的朋友，即便在自己家，我也不会交出来，更何况不在呢。"秦昭王扣住平原君不放，赵王派人去平原君家里捉拿魏齐，魏齐连夜逃脱，求救于信陵君，信陵君犹豫不决，接见稍晚，魏齐走投无路，羞愤自杀。赵王取走魏齐的头，献给秦昭王，这才换回平原君回国。

仁与义，这植根于中国古老文明的道德教条并未过时。相反，正因为这些看似迂腐的信念，让我们的历史长河充满了血性与希望。在平原君与秦昭王的这一酒局里，因为对仁与义的坚守，让一个平庸的人变得风骨铮铮。

第二十九局：醇酒妇人

主饮：魏公子无忌；主陪：三千门客；主宾：魏王兄；地点：赵魏两国

魏公子无忌世称信陵君，是战国四公子之一，与平原君赵胜、孟尝君田文、春申君黄歇齐名。他们礼贤下士，门客数千人，所行多是取信天下，安邦定国之事。明代也有四公子：《桃花扇》的男主角侯方域、反清复明的陈贞慧、与董小宛生死恋的冒襄、洪门创始人兼通才方以智。这四位诗酒风流，于朝代更迭之际骨气凛然。民国四公子是张学良、张伯驹（收藏家、诗词名家）、袁克文（袁世凯次子，号寒云，精于诗画，擅长昆曲）、溥侗（清王室，大杂家），不仅是贵胄，还都在各自领域内颇有成就。

太史公在《史记》中浓墨重彩，写了信陵君的一生。信陵君是魏王之弟，接人待物诚恳有礼，贤名远播，门客三千，都是杰出之士。诸侯不敬魏王而重公子，十多年不曾与魏国交兵。有一次公子与王兄对弈，传报赵国入侵，魏王大为吃惊，就要回去布置军事，公子说："我的门客里有专门负责探报的，他们了解到赵王最近在打猎，恐怕是不小心越过边界而已，无需恐慌。"事后了解的确如公子所言，魏王觉得公子太强大，从此心怀猜忌，不肯再委以国事。

秦国攻打赵国，公子的姐夫平原君赵胜向魏国求救，又派门客多次游

将 进 酒

说公子,公子向魏王求救,魏王答应派兵十万,但犹豫不决,让大军驻扎不前,不敢触怒强秦。公子顾念姊弟情深,决定以卵击石,率自己的门客去救赵国。老门客侯生提醒公子,大帅晋鄙最亲近的如姬,当年父亲被人所杀,是公子替她报了仇,可以利用这层关系,施展美人计。公子跟如姬说起,如姬义无反顾从大帅身边盗取了魏王的兵符。公子再用杀猪力士朱亥椎杀大帅晋鄙,自率大军,击退秦兵。赵王设宴谢公子,想献五座城给他,公子自谦婉谢,一直到罢宴,赵王反悔了,也就不再提此事。

魏王大怒,公子也自知行事不妥,与门客留在赵国,十年不归。秦国趁机伐魏,魏国又将不存,不得已,魏王请公子回国。诸侯听说后,都遣大军助魏抗秦,大破秦兵,公子名震天下。

秦王贿赂大帅晋鄙的门客,在魏王面前诋毁公子,说他功高震主,欲谋不轨。魏王再次起疑。公子于是告病不出,"与宾客为长夜之饮,饮醇酒,多近妇人。日夜为乐饮者四岁,竟病酒而卒。"

在这看似欢饮的四年里,魏公子无忌想到的是曾经与年过七十的傲慢老侯生的酒局;想到的是如姬浅笑如花时的酒局;想到的是与大力士朱亥单车进入晋鄙军营前的酒局;想到的是与不肯践诺时尴尬无辞的赵王的酒局;想到的是与赌博卖浆的高人毛公薛公的酒局。那时候,他自由自在,无拘无束,他意气风发,不可一世。而现在,他被虚名和猜忌锁在牢笼之中,不得不依靠醇酒妇人来压抑纵横四海的志气。这是一场多么令人黯然的、有三千个陪客、长达四年的酒局。这是英雄自我消磨的酒局,他慢慢地举杯,让我们再也看不到杯中的半点波澜。

公子死后,秦国再次攻魏。苦撑十八年后,魏亡。

第三十局：易水悲歌

主饮：荆轲；主宾：秦王；主陪：高渐离，燕太子；地点：易水之畔

残阳如血，秋风萧瑟，易水波寒。燕太子与门客置酒饯别荆轲。荆轲是当时有名的侠客，带着一个人头、一张地图与一把锋利无比的匕首，到秦国去刺杀千古一帝秦始皇。结局是毫无悬念的，荆轲功败垂成，也同时名扬千古。

当时秦国灭韩破赵，统一天下的格局已定。燕靠近赵国，危如累卵，太子丹在秦国做过人质，深受侮辱，他寄希望于侥幸，计划刺杀秦王造成秦国内乱，然后联合诸侯共图反噬。为此，他向当时的大贤士鞠武求教。鞠武教他安邦定国之道，但太子丹报仇心切，急不可待，几经周折，他找到了勇义绝伦的荆轲。

《史记》记载，太子丹尊荆轲为上卿，每天到府上拜访，送给他豪车美女珍玩珠宝。在更早的《燕丹子》中还记载了太子丹用盘子盛满金块，供荆轲投池中的大龟取乐；杀千里马取马肝给荆轲进食；只因为荆轲说喜欢一个弹琴美人的手，便斩下这双手，献给荆轲观赏。太子丹用近乎病态的殷勤，换取了荆轲的信任和感激。

太子丹搜求到最锋利的匕首，淬以毒药。荆轲则说服了秦王最痛恨的

将 进 酒

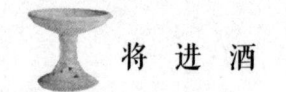

樊於期将军自刎,用匣子盛着樊将军的人头,带上燕国的地图,选配了勇猛的侍从,整装待发。

大殿上的惊变,在太史公笔下娓娓道来:荆轲图穷匕见,抓住秦王的衣袖,秦王惶急之下,挣裂衣袖,拔剑不及,绕柱狂奔。群臣在殿下喧哗,侍医用药盒扔向荆轲,秦王得以喘息,拔出剑来,砍断了荆轲一条腿。荆轲倒地,掷出匕首,刺偏了,射中了铜柱。秦王砍了荆轲八剑,荆轲靠着柱子,大笑,说:"我之所以想生擒你,是要报答太子的恩遇。"大臣们一拥而上,杀了荆轲,秦王伫立良久,只觉头昏目眩。

这是多年饱受侵蚀的列国对秦国仇恨的一次大爆发,同时也拉开了列国走向灭亡命运的序幕。这一次暗杀,最终坚定了秦始皇歼灭六国统一天下的信念。

无论是陶渊明对荆轲侠义精神的赞美,还是司马光对他不明大势的批评,都不会改变荆轲的价值。历史的河流充满了变化的张力,它顺着一条宽阔的河道逶迤前行,起伏、回旋都改变不了它的方向。统一的过程是痛苦的,但它确是大势所趋。然而荆轲像一个力士巨人,明知死地而毅然前往,负山牵石,从北而西,仿佛要生生截断这条奔腾的巨流。历史在那一刻凝固了,不仅仅秦王头昏目眩,千载以下后人读到这里,也一样心惊肉跳。

秦王灭燕后,统一了全国。高渐离藏匿了几年,主动现身,依靠音乐绝技名闻国都。秦始皇传见了他,赦免了他,但刺瞎了他的眼睛,让他为自己击筑。高渐离在筑中灌满了铅,一次演奏时,他举筑砸向秦始皇……

出使那天,太子丹与宾客们穿着发丧的白衣,来易水边送别荆轲。所有人都知道,荆轲这次远行,将不会再回来。饮酒祭祀之后,高渐离击筑,荆轲高歌:"风萧萧兮易水寒,壮士一去兮不复还。"

这是一种多么壮烈的美。时至今日,还会让人热血沸腾。

第三十一局：盛时思衰

主饮：李斯；主陪：秦始皇；主宾：赵高；地点：丞相府

李斯为迎接长子回到咸阳，在家里摆下酒宴。这本该是和睦温馨的一场家庭酒会，但李斯是大秦的相国，文武百官都争先恐后地上门祝贺，门前停驻的车马有上千驾之多。

李丞相看到此情此景，感叹说："唉！我原来听老师荀子讲'物禁太盛'（任何事情都切忌太过），我李斯本是上蔡的一介布衣，始皇帝委我重任，数蒙提拔。如今一人之下万人之上，可以说是富贵到了极点了。富贵到了极点，就会面临衰败，我不知道哪里会是归宿呢！"

李斯本是楚国人，任过书吏，他发现厕所里的老鼠肮脏孱弱，见到人和狗就远远避开；而粮仓里的老鼠饱食无忧，根本不怕人。于是得出结论：人生机遇，有高低之分，主要是所处环境的不同，就像老鼠呆在厕所里和粮仓里的区别。他离开孱弱的楚国，来到强大的秦国。在他看来，这种差别就如同老鼠从厕所来到了粮仓。

李斯告别荀子，说："诟莫大于卑贱，而悲莫甚于穷困。久处卑贱之位，困苦之地，非世而恶利，自托于无为，此非士之情也。"简言之，他认为，最大的耻辱乃是卑贱和贫穷。长期在卑贱和贫穷之中，诽谤世事，

将 进 酒

厌恶名利,以清静无为为借口,这不是"士"应该做的。

果然,在秦国他得到了吕不韦的赏识,得以接近秦王。凭着才华出众,见识过人,很快也得到了秦王的器重。秦统一后,李斯建议废除了分封制,采用郡县制,这是几千年中央集权制度的开端。而后他推行了一系列改革,统一文字、度量衡、货币;建立了车马交通标准,这些举措影响深远,虽然秦国二世而亡,但李斯的功绩泽及后世,可以说是千古第一人臣。

他推举秦王称帝,在始皇帝车马所及,都勒石为记,用以彰扬新生帝国辽阔的疆土和帝王的威严。始皇帝乐此不疲,但最后一次,他死在了远巡的路上。赵高用利害原则说服了李斯,因为如果按秦始皇的计划,立贤德的太子扶苏,那么太子肯定会用伴随自己的蒙恬为丞相,则李斯"一人之下万人之上"、"富贵已极"的状态将被动摇。尽管李斯如此清楚,衰败将随之而至,但他依然贪恋不能释怀。他下定了决心,与赵高合谋,立昏庸的胡亥为帝,矫诏杀了拥兵三十万的太子扶苏和蒙恬。

李斯得偿所愿继任丞相之职,经常以重臣身份教育胡二世。很快为二世所反感。赵高膨胀的权利被李斯所压制,二人的矛盾也逐渐尖锐起来。在新的权力角逐中李斯败下阵来,秦二世登基的第二年夏天,他被腰斩于咸阳,灭三族。

李斯与儿子相对长叹,他说:"如今,我想和你再像以前一样,牵着黄狗,到上蔡东门外去打猎,这种日子已经不可得了。"

再过了一年,赵高杀胡亥,想自封为帝,不被大臣接受。不得已,立子婴为帝,子婴杀赵高。三个月后,刘邦入咸阳,子婴自杀。秦亡。

至此,中国历史上最牛的始皇帝,最牛的丞相,最窝囊的二世祖,最擅权谋的太监,相继出现,又相继离世。

李斯临刑前的醒悟已经太晚。他曾经有一次机会,就是在长子酒宴前把酒浩叹的时候,他是如此清醒。尽管已经建立了不世功勋,但没有选择急流勇退。那一声浩叹,既是对现下富贵荣耀的自喜,也是对将来盛衰命运的恐惧。他受业于名师,深谙起伏消长之道,但权利的诱惑,实在无可抵挡,明知是万丈深渊,还是心甘情愿地踏上前去。

第三十二局：鸿门宴

主饮：项羽；主陪：刘邦；主宾：张良、范增、樊哙等；地点：鸿门

秦国末年，因暴政天下大乱，各地诸侯借机复国，其中以南方的楚国崛起最迅猛。义军们新立的楚怀王曾经有约，先入关中者为王。关中，即咸阳，也就是原秦国的都城。刘邦从黄河以南抢先入关，结果被自己的左司马曹无伤告密说有王天下之心。项羽的谋士范增也看出刘邦"志不在小"，项羽大怒，邀请刘邦到鸿门赴宴，准备诛杀之。

鸿门宴，是历史上最著名的酒局，是汉初最重大的事件，也是《史记》中最精彩的片段。

当初始皇帝出巡，项羽和刘邦都见识到了帝王的威仪。项羽说："彼可取而代也"，直率而豪迈；刘邦说："大丈夫当如是也"，艳羡而沉着。这种性格差异，在鸿门宴上展露得淋漓尽致。

陈胜吴广在大泽乡点燃了反秦之火。刘邦追随项羽的叔父项梁，项梁战死后，刘邦、项羽分兵指挥。项羽勇冠天下，刘邦御人有术，天下义军逐渐聚集在二人身边。

刘、项虽然曾经并肩作战，有兄弟之约，但乱世逐鹿，秦才是所有人的共同目标。刘邦很清楚，关中归谁才是矛盾焦点。虽然有怀王一句空头

将 进 酒

承诺，但秦国的精锐部队都是项羽打下来的，自己又是项家旧部，兵力不足与之相抗。项伯来劝好友张良离开，印证了刘邦的担忧：鸿门宴，宴无好宴。他匆忙与项伯结为亲家，希望对方在项羽面前为自己申明。项伯不负所托，回去后不仅帮刘邦作了解释，还责备项羽说："刘邦破秦，是有大功的，你要杀他，很不道义。"

这句话看似随口而出无足轻重，实在至关紧要。反秦的队伍，由不同派系的义军融合而成，除了刘项之师，还有数十支没有归附而各自作战的军队。更可虑的是关中的秦人，因为刘邦进入关中，与他们约法三章，颇得民心。如果杀掉刘邦，各路义军一定寒心警惕，关中也势必大乱，那时候项羽想要号令天下，恐怕没有人愿意拥戴。一旦人心涣散，他所要面对的，可能是一个比暴秦更难对付的乱摊子。

项伯说："今人有大功而击之，不义也"；刘邦请项伯自陈："吾入关，秋毫不敢有所近……而待将军"；连匹夫樊哙，也说："欲诛有功之人，是亡秦之续也。"他们都在反复提醒着项羽。相比杀刘邦、占关中、泄一时之愤，项羽更看重天下之势。所以项伯做说客时，稍作权衡，项羽就做出了自己的决定，他许诺了项伯。

千载而下，都说项羽优柔寡断，鸿门宴上错失良机。但杀一个归顺之人而失天下之心，孰轻孰重？

刘邦冒险而来，一行百人，到四十万大军驻守的鸿门赴宴。

项羽不想杀刘邦，但还是在安排座次这样的细节上对他肆意侮辱，让他明白谁才是老大。刘邦谦卑而温顺地表达归顺屈服之意，他的团队也都料到这一层，以"大节不顾细谨"相劝：活着脱身才重要。项羽对范增的几次暗示置若罔闻，但对项庄舞剑意在沛公也不加阻止，甚至对自己人项伯拔剑护佑刘邦也全不在意。这一刻，项羽似乎也很矛盾，杀，是因为一时气恼，还是对手可虑？不杀，是因为大局未定，还是妇人之仁？直到樊哙拥盾持剑闯入扬声质问，项羽怒气渐消，鸿门宴在紧张的高潮中戛然而止。刘邦以如厕为名，逃回汉营。张良善后，再次委婉致歉，并献上玉璧

第三十二局：鸿门宴

玉斗。

项羽亦觉得刘邦无论真心假意，已然归顺，杀不可，战亦不可，归顺无疑是暂时最好的局面。他不为已甚，欣然接受了玉璧，而范增当场砸碎了玉斗，大骂项羽是糊涂蛋。

范增识见更远，鸿门宴上项羽放虎归山，从此后患无穷，以至于身死乌江。刘邦知道，最后的胜利者才会是真正的英雄。而项羽到死都不肯屈从这样的生存道理。所谓英雄，不过是时运不济，天之亡我罢了。

第三十三局：霸王别姬

主饮：项羽；主陪：汉兵；主宾：虞姬；地点：垓下

这是一场英雄美人穷途末路的酒局。

项羽一生英雄盖世，纵横四海，垓下是他戎马生涯的最后一程。

从当初号令天下共举义旗，到鸿门的势力博弈，再到刘邦会同韩信、彭越等名将四面围击。项羽已经兵少食尽，退守垓下。尽管如此，各路军马谁也不敢抢先来犯项王的虎威，他们都听说过项王以少胜多大破秦军、大破汉军的传说，他们之中很多亲身经历了惨烈的巨鹿之战，当时项王率领楚军以一当十，杀声震天。杀败秦军后，诸侯去拜见项王，都是跪着走进大营，不敢仰视。他们还见过项王活埋秦兵二十万的残忍，见过项王火烧阿房宫的暴戾。

灭秦后，项王大封诸侯，但这些分封势力如同散沙，慢慢被刘邦鲸吞蚕食。项王曾经抓住了刘邦的父亲，要求他退兵。刘邦说："我们曾经是结义兄弟，我的父亲就是你的父亲。你要烹我们的父亲，别忘了分一杯羹给我尝尝。"双方战相持时项王要求与刘邦单挑，这请求被刘邦轻易地拒绝。刘邦说："我要斗智，不和你斗力。"

垓下的项王，如同一匹受伤不轻的老虎，被重重围困。权谋之士张良

第三十三局：霸王别姬

用四面楚歌的心理战术，彻底击垮了项王残余的雄心。项王惊慌了，感慨说："难道汉兵已经占有了楚国了吗？否则他们的军营里，怎么会有这么多楚人，在夜里唱着楚歌呢？"他每夜都不能入睡，在大帐之内饮酒消愁。看到身边的美人虞姬，辕外的良马乌骓，终于悲从中来。他放声高歌："力拔山兮气盖世，时不利兮骓不逝。骓不逝兮可奈何，虞兮虞兮奈若何！"歌中充满慷慨悲凉之气。虞姬深知项王，伴着楚音，也唱了一首歌："汉兵已略地，四面楚歌声。大王意气尽，贱妾何聊生。"唱罢，二人痛哭流涕，没有了英雄美人身份的掩饰，只剩下对命运无常的绝望。虞姬所唱应该是出于后人的附会，后人还从"贱妾何聊生"的句子，附会出了《霸王别姬》的戏剧。这是一出悲剧，大王意气已尽，虞姬以最壮烈的方式，为他送行。

再后来的故事在司马迁笔下被演绎得波澜壮阔。项王率八百骑突围，杀至乌江畔，却不肯过江，自刎而死。

李清照为此写下"生当作人杰，死亦为鬼雄。至今思项羽，不肯过江东"。

在这场悲壮凄美的酒局里，送别了一个即将无依无靠的美人，也送别了一个即将赴死的英雄。微曦初露时，有一种刺骨的苍凉，随着晨风，透过重重低垂了几千年的历史帷幕，吹上我们的书案。这是项王携手虞姬饮酒高唱的时刻，是虞姬背向项王举剑自刎的时刻，是项王抱紧虞姬痛哭失声的时刻，是项王披甲突围的时刻。这场酒局所吸引我们的，不是他们的爱情，而是他们的传奇。

第三十四局：高祖还乡

主饮：汉高祖；主陪：沛城父老；主宾：亲故、仇雠；地点：沛城

项羽曾说："富贵不归故乡，如衣锦夜行"，但他终于不肯还乡，因为功败垂成，无颜见江东父老。而刘邦则在六十一岁高龄时，回到故乡沛县。这是高祖登基后的第十二个年头，也是在他去世前的六个月。

司马迁笔下，汉高祖的形象极其复杂，既有无赖阴鸷的一面，也有英雄豪气的一面。他是历史上三个出身草莽的帝王之一，一旦脱下草鞋登上金銮宝殿，三位草莽帝王所作所为如出一辙。血染的江山，岂甘与开国功臣们共享，杀功臣就成了第一要务。一年前淮南王英布叛乱，但朝中已经没有了可以相抗的大将，高祖只好亲征。再往前推一年，是陈豨的叛乱；再往前两年，是韩王信与匈奴的叛乱、大将彭越被杀；再往前一年，汉初三杰之一的淮阴侯韩信被诬谋反。就连文臣萧何，也被下狱差点被杀头。至于当初响应起事的六国旧族，则早就被高祖迁入关中控制起来了。

过去高祖与大臣们饮酒作乐毫无避讳，但终究心有不足，授意新儒家叔孙通制定了一套繁文缛节，造礼仪来节制尊卑。君臣之间，渐至森严隔绝，集权制度慢慢形成，高祖感慨说："如今才知道当皇帝的乐趣啊。"

高祖不满意太子刘盈，因为太子过于"仁弱"，又是心机深沉手段毒

辣的吕后所生。他喜欢赵王如意，这是他的宠妃戚夫人所生。吕后巧做策划，请出了商山隐居的四个老头来辅佐太子。刘邦只好顺势下台，不再打废太子的主意。他死后，吕后毒死了赵王如意，斩去了戚夫人的四肢、舌头，弄瞎了她的眼睛，烧聋了她的耳朵，养在厕所里尽情虐待。

高祖在项王要烹杀自己的父亲时无动于衷，而且推波助澜不肯退让。在战败时逃跑，为了减轻负担，几次将自己的儿子刘盈和女儿鲁元公主推下车去。登基后讥笑父亲当年偏心老实巴交的哥哥，没有眼光。

这一次，高祖大胜归来，没有回长安，而是在沛县举行了一场盛大的酒会。他将旧时的朋友、亲戚们全部召集起来，极尽欢饮，酒酣时，高祖高唱了一曲《大风歌》："大风起兮云飞扬，威加海内兮归故乡，安得猛士兮守四方。"让一百二十个小儿一起合唱。这样一连吃了十几日酒，才准备离开。在沛县父老的挽留下，又"张饮三日"。

在《大风歌》豪情勃发的余音里，在风云际会、威加海内的喧嚣中，悲凉之感暗自潜生。现在的高祖没有朋友，也没有敌人。没有亲情，也没有仇恨。在一群愚昧卑微匍匐在地的穷乡故旧之中，他是否会想起如今飘然远去的张良、愤懑不平的韩信、担惊受怕的萧何，是否会想起勇武过人的项羽，想起戚夫人哀婉的容貌与吕后恶毒的目光，是否会想起儿时无赖但受到父兄宽容的温馨？他如今已经六十一岁，来日无多，他高唱起《大风歌》，希望用这种极尽渲染的热闹，来安慰内心深处的孤独与绝望。

第三十五局：诛吕安刘

主饮：刘章；主陪：吕雉；主宾：诸吕；地点：宫中

吕太后很喜欢侄孙刘章，让他陪着亲戚们喝酒，并且做酒宴上的令官。二十岁的刘章说："我想用军法来行酒。"吕太后漫不经心地答应了。喝到尽兴的时候，刘章敬酒给太后，唱了一首《耕田歌》："非其种者，锄而去之。"（不是庄稼而是稗草，都应该除掉）在座的人听到其中隐晦的寓意，全部惊呆了，连吕太后也默然不语。过了一会儿，酒席上太后娘家有一个人喝多了，逃酒奔出门，刘章追了出去，拔剑把他杀了。回来说："有人逃酒，我按照军法杀掉了。"太后和在座的人都大惊失色，但太后没有指责他，只是停止了酒宴。

因为逃酒而杀人，这是大汉初年，刘吕两姓多年来矛盾冲突的一个大爆发。

司马迁在写吕太后的时候，使用的是与汉高祖、秦始皇同样规格的"本纪"。吕雉心机深沉，权倾天下，把老公打下来的汉室江山玩弄于指掌之间。太后与高祖并无深情，但毕竟是共患难的夫妻，相濡以沫数十年。吕雉的才识对刘邦平定天下也颇有助益，杀韩信就是一个很好的证明。高祖死后，吕太后压抑多年来的怨毒之气得以宣泄。她用残忍方式杀了高祖

第三十五局：诛吕安刘

的宠妃戚夫人和爱子赵王。吕太后的太后身份来得如此艰难，所以用尽一切办法要为自己和儿子扫除障碍。她不敢信任刘姓王侯，因为他们都将是自己儿子的竞争对手。一旦大意，他们的母亲或者妻子，就会取代自己至高无上的权力。太后开始对付自己的侄子们，轻者废掉爵位贬为百姓，重者横加罪名下狱致死。

儿子惠帝在母亲的高压下郁郁寡欢，沉溺酒色，不久就病死了。吕太后越发感到自己的地位岌岌可危，于是大肆分封自己娘家人为王侯将相。这一决议遭到了大臣们的反对，经过多次博弈，太后胜出。吕氏掌握了军权，把持了朝政。但刘姓毕竟与吕姓交叉联姻，不可能全部杀绝，剩下的这些人私下联合起来，待机而动。

刘吕两族明争暗斗，相持不下。这时候刘氏逐渐取得了朝中老臣的支持，外边几个分封王已经在厉兵秣马，朝中的大臣也在逐渐削弱和分散吕氏的权力。一切都在有条不紊地进行着。终于，两大家族的争斗，在吕太后的家宴上演变成一场充满了血腥的暴力事件。刘章所唱的"非其种者，锄而去之"正是当初高祖与大臣们的一个约定："非刘氏而王，天下共击之"（不是刘氏子弟而封王的，天下人都要去讨伐他）。逃酒杀人事件向当局者发出了一个强烈的信号，那就是刘氏的力量日渐强大，随时要喷薄而出，反噬吕氏。

果然，吕太后刚死，齐王就率先造反，接着琅琊王也参与其事。吕氏发兵，但将军们作壁上观。太尉周勃甚至亲自到军中，高呼："为吕氏右袒，为刘氏左袒。"军中士卒都左袒衣袖，表示忠于刘氏。随着诸吕被杀被贬，吕氏势力和影响如同雪消冰涣，彻底从汉初的朝堂之间淡出而至于消逝。

这是一场亲戚相残的酒局。杀人事件的背后，是权力的争逐。几十年后，终于摆脱祖母窦太后压制的汉武帝在立太子后，杀掉了太子的母亲，也就是自己的妻子钩弋夫人。他解释说：皇帝年少无知，就会出现母后当政，往往会酿成大祸，自己的曾祖母吕太后就是一个例子。汉武帝把对权

77

将 进 酒

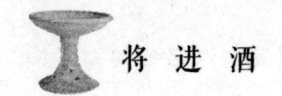

力的争逐归咎于一个女人，但男人们对权力的兴趣更大，他们之间的残忍杀戮，其程度远过于此。

　　人在权力的巅峰，就会被权力所异化，人性如此，无可避免。在觥筹交错之中，每个人的眼角眉梢都写满了对权力的谄媚、对财富的奢求，对欲望的恣肆。

第三十六局：萧规曹随

主饮：曹参；主陪：萧何；主宾：高祖刘邦，惠帝刘盈；地点：丞相府

萧何是汉初三杰之一，追随流氓天子刘邦举大事、成大业，最终被任命为丞相。萧何擅长管理调度，为国家平定立功甚多，但也几次下狱，差点杀头，全凭谨慎小心，得以自保。惠帝听政时，萧何年事已高，卧病不起。惠帝问他："万一有事，举谁继任丞相？"萧何保持着最后一刻的清醒，并没有摆托孤老臣的谱，而是说："知臣莫如主。"把皮球踢了回去。惠帝便说："曹参怎么样？"萧何马上认同，磕头谢恩："这是极佳人选，我就算死了也没有什么遗憾。"

这一段往往被解读为君臣知遇之明，但从对话而言，萧何其实全未做主。这是被誉为有远见的、经历九死一生的两朝丞相的圆滑之处。汉初连坐制度十分残酷，举荐继任并不见得是一个好差事，一有不慎便会遭受牵连以至灭族。

《汉书》里说，萧何刚死，远在齐国做郡丞的曹参就让属下赶快整理行李，称马上就要任丞相了。不久，果然得到了委任令。这也看出来曹参是朝廷的内定人选，更看出来萧何临死前和惠帝一番人事讨论的虚伪之处。

将 进 酒

曹参与萧何、刘邦是沛县老乡,军功出身,一直在齐国做丞相。在那里,他先学儒术,后来向高人学习道家无为而治,其实也就是"休养生息"。国家初定,不能过度扰民,在此政策指导下,齐国一直稳定和谐。

曹参任丞相后,成天无所事事,一切按照萧何既定的条文办。选择到各分封国及朝廷的官员都忠厚老实。那些精细、图名、求发展的一概不用。每天的大事就是饮酒,士大夫、各级官员看到曹参这个样子,都来劝谏。每次来人,曹参就安排美酒招待,来客要发言,就劝酒,一直喝到什么话也说不出来才罢休。

丞相府的后院就挨着政府公务员宿舍,这些汉朝的公务员们,受曹参不理政事的影响,成天喝酒唱歌。相府工作人员不堪其扰,就安排曹参到后院参观,果然看到那帮人在酗酒,工作人员大喜,希望曹丞相马上下令把他们抓起来。结果曹参不怒反乐,安排酒宴,把隔壁那些公务员叫过来一起狂饮高歌。

惠帝不高兴了,认为曹参倚老卖老欺负自己。就让人问曹参:"高祖刚死,惠帝又年轻。您是丞相,每天喝酒不干事,这哪是忧国忧民的榜样呢?"曹参大怒,把提问的大臣打了二百棍,骂道:"天下事,你小子不配过问。"惠帝上朝时责备曹参,说这话是我让人问您的。曹参反问道:"您觉得您比高祖怎么样?"汉代以孝治国,惠帝当然不敢狂言,只好老老实实地回答:"我哪里比得上高祖。"曹参又问:"那您看我比萧何丞相怎么样?"惠帝不客气地说:"好像也有点比不上哦。"曹参总结说:"您说的对。高祖和萧何平定天下,制定的条款都还在,咱俩遵守着他们的教诲做事,那是肯定不会出错的,您说对不对?"惠帝听了,没办法,只好说:"好吧,就按您说的办。"

曹参就这样,无功无过,活了三年,病死任上。成语"萧规曹随"即出于此。曹参是聪明人,在这个严刑峻法,臣吏朝不保夕的大汉初年,用一套以子之矛攻子之盾的谬论,堵住了图新思变的年轻皇帝的口。休养生息也好,萧规曹随也好,都只是明哲保身的借口。"日饮酒"、"不视事",

让他没有更多的把柄和过失。灭族的名士、抄家的故友、弃市的大臣、逼反的将军，萧何看得太多，曹参也看得太多，萧何鞠躬尽瘁，也不过如此，何况曹参？在皇权生杀予夺的年代，活着是最充足的理由。

第三十七局：酹时未遇

主饮：马周；陪饮：贾谊；主宾：唐太宗，汉文帝；地点：新丰

马周是孤儿，家里一贫如洗，在族人的帮助下，才得以学《诗》和《春秋》。隋朝行科举，这是读书人改变命运的好机会，马周是孤哀子，性格狂放不羁，不拘小节，同乡之人觉得他不够勤劳本分，所以很轻视他，也就没有资助他参加科举考试。这样拖沓地熬了一些年，他的才气名声渐渐为外人所知，被博州刺史提拔为州学里的助教。但马周根本不按官场那一套行事，在任上酗酒怠工，多次被提拔他的刺史训诫。那时候知识分子是有骨气的，并不觉得你给了我一官半职，我就该摇尾乞怜了。马周觉得自己"庞士元非百里才"，一个小小的州学助教，根本施展不开，也不值得自己恋栈，于是不辞而别。

他准备入关，半道上遇到官宦，横遭羞辱。史书上没有记载缘由，但想来应该还是和马周恃才放旷有关。受到羞辱后，马周游荡到长安附近的新丰，找了家小店住下来。掌柜的阅人多矣，一眼看出来这人穷困潦倒，根本就不理他。马周很不是滋味，感到虎落平阳被犬欺，于是做出了一个惊人之举。他叫了一斗八升酒（大约十公斤），独自一人喝完。在传奇里，马周要了五斗酒，一半拿来喝掉，一半拿来洗脚。一边洗，一边说："脚

啊脚，你本该跟着我登高逐远，着靴缀绵，但我至今潦倒不遇，累得你跟着我风尘仆仆。今天我也顺便敬你几斗，以致谢意。"围观的人都议论纷纷，觉得他酒量过人，行为异常，多半是个奇人。后来陈子昂也把这一招学到了，刚到长安，就砸碎了自己的千金宝琴，羡慕得大家嗷嗷直叫，一下子名声就传出去了。

再后来，马周为他人代笔上书议政，惊动了唐太宗。太宗求贤若渴，马上传见，一见之下，果然才华过人，从此将马周视为肱股之臣。太宗曾说："我片刻没见到马周，就非常想念。"太宗为马周买房置地，饮食健康都亲自过问，君臣之间如胶似漆。马周死后，太宗将他安葬在自己的昭陵旁边，作为生死之伴。

然而汉代的贾谊就没有这样幸运了。他才华横溢，见识高绝，不仅会写赋，还写过很多高明的经世致用的文章。对汉朝经济、政治都起到了很大的参考作用。他一直不被重用，被贬至长沙。汉文帝重新把他召回长安，和他一直谈到半夜，添酒回灯，意犹未尽。文帝所谈的，只是天地鬼神这类虚无缥缈之事，虽然一再主动挪动坐席，靠近贾谊来倾听他的高论，但这一切，哪里是贾谊想要的呢？唐人李商隐写诗感慨说："可怜夜半虚前席，不问苍生问鬼神。"

马周和贾谊，是两种截然不同的人生。马周历经坎坷终于飞黄腾达；贾谊空怀报国之志而无处施展。马周潦倒不遇时候的独酌，贾谊深受文帝垂恩的夜宴，其实都反映着他们命运背后更深层次的问题，那就是东方朔在《答客难》里所说的："用之则为虎，不用则为鼠"。千百年来，中国文人在政治的面前，始终孱弱得可怜。他们没有任何自信，没有自觉和自主。一切看似命运的安排，其实仅仅是文化人与政治家博弈的注定结局。

第三十八局：文君当垆

主饮：司马相如；主陪：卓文君；主宾：卓王孙，王吉；地点：临邛

司马相如是历史上著名的风流文士、一代赋圣，写过《子虚赋》、《长门赋》。他文采虽好，又在朝廷任职，但汉景帝专注实干兴邦，不喜欢务虚，所以一直怏怏不得志。后来辞职去了梁王那里，和一帮文人雅士凑在一起，吟风弄月，如鱼得水。梁王死后，没有了金主，大文豪手无缚鸡之力，没法生活，只好入川投靠临邛令王吉。

卓王孙是临邛有名的富翁，仆人有八百多名，权势可想而知。他请父母官王吉赴酒宴，也一并请了司马相如。但县令到了，相如却推辞有病不肯来。王县令亲自去请，司马相如勉为其难来参加宴会。这段双簧演得极好，整个临邛都知道了这位司马相公不仅仅是县令爷的朋友，还在梁王那里喝过酒，在皇帝身边任过官，才华又好，架子又大，一表人才，在这个穷乡僻壤的亮相无比风光。《汉书》里说是"一坐尽倾"，所有人都为他倾倒了。王县令顺水推舟，说请我们的才子表演一下高雅的琴技罢。司马相如估计也是憋足了劲儿，在这帮土豪面前一展风姿，弹了一曲，有记载说是《凤求凰》，辞曲兼美，如行云流水，婉转悠扬。卓王孙的女儿卓文君刚刚死了丈夫，听到司马相如的动人琴声，偷看到他"雍容闲雅"，决心

和他私奔。据说琴辞是："有美一人兮，见之不忘"，又说"将琴代语兮，聊写衷肠"，这分明是指向清晰，目标明确，早有准备。难怪文君会钟情于他。司马相如估计本想入赘，没想过会私奔，但已经无可挽回，就跟文君一起到了成都。

自古美人中意才子，不全会这样幸运。唐代大才子罗隐，写下"采得百花成蜜后，为谁辛苦为谁甜"、"我未成名君未嫁，可怜俱是不如人"、"任是无情也动人"的名句，宰相郑畋的女儿思之若狂，一定非他不嫁。结果罗隐来拜访时，郑小姐从帘子后偷看到他丑陋的长相，就治愈了相思病，再也不看罗隐的诗了。

司马相如与卓文君在成都，依旧家徒四壁，无以为活。卓王孙觉得女儿私奔大丢颜面，拒绝支援他们。无良的司马相如带着卓文君返回临邛，开了一家酒店，让卓文君在酒店卖酒，自己穿着褴褛，做一些杂活。卓王孙更丢不起脸，只好分了上百个仆人和大批的嫁妆过去。

这是古往今来文人雅士们念念不忘的一幕：文君当垆。一个美丽的女子，脸颊洁如明月，手腕皓如霜雪，站在一旁为自己斟酒。尽管司马相如的做法可疑又可耻，但对于才子，大家总是容易原谅。后来司马相如果然移情别恋，卓文君写下"闻君有两意，故来相决绝"的诀别诗《白头吟》。虽然这首诗不一定是文君所写，但相如移情也不一定不真实。他可以为了财富苦心孤诣地追求卓文君，又怎能保证在富贵之后不去追求另一个红颜知己？

清代张问陶的妻子写诗道："爱君笔底有烟霞，自拔金钗付酒家。修得人间才子妇，不辞清瘦似梅花。"为了她眼里的才子，不惜当掉自己的金钗，只为给他换酒，甚至不惜贫寒相守，瘦如梅花，还觉得是上天的眷顾。她和卓文君一样，可谓深中文青之毒。

文君爱慕相如的才华和容貌，不嫌弃他的贫寒，愿意与他相濡以沫。她从没想过，这个风流才子，是否真的值得自己托付一生。

第三十九局：北方有佳人

主饮：汉武帝；主陪：李延年，李少翁，平阳公主；主宾：李夫人；
地点：平阳公主宅

在平阳公主的酒宴上，精于音律的李延年察言观色，为好大喜功、贪淫好色的汉武帝唱了一首歌：

"北方有佳人，绝世而独立。一顾倾人城，再顾倾人国。宁不知，倾城与倾国，佳人难再得。"

这是一首绝妙的诗歌，足以与《诗经》"美目盼兮，巧笑倩兮"的句子相媲美，把绝代佳人的神韵以写意的方法烘托出来。汉武帝听后，感慨不已，叹息说："真好，但世间哪里会有这样的美人呢？"姐姐平阳公主马上接口回覆："李延年的妹妹就是这样绝世独立的美人。"

李夫人就这样在一首歌、一句话里脱颖而出，她和李延年都出身倡家，受过专业调教，武帝一见之下觉得大异寻常，即大加宠幸，超过所有的嫔妃，死后甚至被追封为孝武皇后。

李夫人是聪明人，在病重之际，始终不肯让武帝见面，反而趁机把兄弟托付给武帝，搞得武帝虽然很不高兴，但又牵肠挂肚。李夫人自知自己所得恩赐，无非是容貌娇美，如今病后颜衰，武帝必定嫌弃，故而不肯让武帝看到自己的病容。事后果然如李夫人所料，武帝带着遗憾把她的哥哥李广利封为贰师将军，地位直逼战功赫赫的卫青和霍去病。李延年也从宫中养狗的小官，摇身一变成为"协律都尉"，佩戴印绶，享受二千石的俸禄（略相当于郡守），随后又成为汉武帝的男宠。

后宫的争宠往往会波及到外戚和宗族，下嫁卫青的平阳公主本是汉武帝的姐姐，曾经给武帝拉过皮条，推荐歌女卫子夫、也即卫青的姐姐入宫成为皇后。卫青死后，平阳公主渐渐失势，但她不甘于落寞，利用李延年和李夫人，再次获得皇帝的恩宠，而李延年和李夫人也利用了平阳公主作为进身之阶。

武帝薄情寡义，喜新厌旧，但一直不能忘怀至死没有和自己见面的李夫人。后期汉武帝热衷神仙之术，宠幸方士李少翁，少翁装神弄鬼，说可以让李夫人的魂魄来与武帝相会。于是武帝夜张灯烛，重设酒宴，等待这一时刻。李少翁在帷幕里使用光影技术，展示了一个影影绰绰的李夫人形象，但不允许武帝走近观看。这是灯影戏的由来，李少翁即为始祖。武帝相思之情不可抑制，也悲伤地作诗一首，说"是耶，非耶？立而望之，偏何姗姗其来迟！"

这是关于李夫人的一生一死的酒局。在被恩宠和被怀念的过程中，李家也经历了从平凡到巅峰，再从巅峰到地狱的盛衰过程。李夫人盛年早夭，李延年恃宠生骄，很快被武帝厌恶。李广利希望通过战争博取地位名声，结果屡战屡败，最后以国戚身份投降了匈奴；李延年的弟弟李季秽乱后宫被人揭发出来，李家遂被灭族。聪明的李夫人如果知道结局会是这样，不知道她会不会后悔，李延年会不会后悔，他还会不会唱这一首《北方有佳人》？

不过，即便是李延年不唱，总会有人来唱。宫廷争宠的故事，永远不会落幕。

只剩下迷信神仙方士、追求长生不老的汉武帝，还在津津有味地沉溺在种种求而不得的臆想中。

第四十局：使酒骂座

主饮：灌夫；主陪：窦婴；主宾：田蚡；地点：田丞相府

魏其侯窦婴是汉文帝窦皇后的侄子，他不爱财，善养士，危急时刻出任大将军，匡扶社稷，颇有功劳，在朝中最为显赫。窦婴辅佐栗太子，太子被废，窦婴渐渐消沉。窦太后曾经建议景帝任窦婴为丞相，但景帝认为他沾沾自喜，轻率从事，不能担当大用。后来窦婴又因为推崇儒学，与崇尚道家的姑妈产生了分歧，其权势被日益削弱。

武安侯田蚡是汉景帝王皇后同母异父的弟弟，口才很好，也有学问。在窦婴如日中天的时候，田蚡对窦婴，如同儿子对父亲一样孝顺奉承。田蚡被封为武安侯之后，就开始接纳权贵。他依仗姐姐的身份，日渐骄奢，在汉武帝时任丞相之职。此时，窦太后去世，窦婴越发失去凭依，默默不得志，宾客都散到田蚡门下了，朝廷里也只剩下将军灌夫一个朋友。

灌将军曾经匹马杀入乱军阵中，身受重创，从此名扬天下。他为人刚直，好侠义，重信诺。曾经和窦太后的族弟喝酒，酒后打了对方，汉武帝有心袒护这位有勇无谋脾气又大的灌将军，把他调到燕国任职。后来他犯了法被罢了官，才回到长安。

田蚡傲慢贪婪，想要窦婴的田产，但窦婴和灌夫联合抗命，双方仇隙更深。田蚡借故灌夫家族横行颍川，要治他的罪。灌夫也抓住田蚡贪污及勾结淮南王谋反的事相威胁。两两相持，后来都不了了之。

　　田蚡娶亲，得到了姐姐的旨意，命令列侯宗亲都要去祝贺。窦婴灌夫都在受邀之列，遂相约同往。酒席间，大臣们趋炎附势之态引起了灌夫的不满。窦婴失势又与丞相不和，在席上备受冷落。灌夫心怀不平，敬酒的时候，逼迫田蚡满饮，田蚡不肯。灌夫就借机发作，在席间大骂宾客的负心忘义和口是心非。田蚡大怒，令人抓住灌夫，灌夫拒不认错，田蚡便以不敬之罪上书弹劾，准备把灌夫以弃市论处。窦婴想尽办法斡旋营救，窦夫人劝他，灌将军得罪了丞相，也就是得罪了当今太后。窦婴回答："我不忍独生。"拿出景帝为表彰自己而留下的遗诏，去见武帝，诉说灌夫只是酒后使性，罪不当诛。武帝让他和田蚡对质，引起了太后的不满，以绝食要挟。后来在宫廷查阅，并没有景帝赐诏给魏其侯窦婴的记录，于是朝廷给窦婴也议了弃市处斩。

　　十月，灌夫被杀后，武帝或者窥察到有人在遗诏上做了手脚，就没有杀窦婴。再后来，有人再次揭发窦婴有牢骚不平，窦婴终于没有躲过这些被精心罗织接踵而至的罪名，十二月，被杀。次年春天，田蚡也得了重病而死。不久，田蚡之子也被罢免。

　　这是一场派系角力的酒局。争斗方无不用其极，必欲置对方于死地。司马迁说窦婴不识时务，灌夫刚强不逊，但田蚡好弄权术，因为杯酒之怨，而陷害二人。他们三人相继而死，生前的荣华富贵和刻骨之恨，都终归于黄土。权谋和倾轧，在生命面前真是渺茫无谓。这一酒局的最大获利者不是田蚡，而是汉武帝，他利用此事顺利拔除了祖母窦太后、母亲王太后的外戚势力，为大汉的集权统治扫清了障碍。

第四十一局：塞上诀别

主饮：苏武；主宾：无；主陪：李陵；地点：塞上

英雄、叛徒；好友、仇雠。李陵与苏武，就在这样一种快速而复杂的身份转换中相识、重逢、诀别。

后人认为古诗"风波一失所，各在天一隅"是李陵赠别苏武，而苏武回赠"昔为鸳与鸯，今为参与辰。"

李陵是汉代名将李广之后，领五千士兵深入匈奴，被八万敌兵围困，李陵率众死战，杀敌甚多，因为没有援兵，粮草器械用尽，最后只能以短刀和车辐作战。战败后，李陵投降。他后来自白说，曾经想以诈降留此一命，在匈奴另作图谋。但穷兵黩武好大喜功的汉武帝杀了李陵的妻儿老母，并诛其亲族，还对说情的司马迁施以宫刑。李陵这才死心，不再存回汉之想。

苏武出使匈奴，卷入了一场匈奴的政变风波，被作为人质扣押。匈奴想降服苏武，苏武举刀自杀，宁死不屈。匈奴把他放逐在边塞上牧羊，声称要等到公羊产子，才会放他回汉。苏武持着代表汉使身份的节杖，在霜风暴雪里苦苦守候了十九年。

匈奴单于让李陵去劝降，因为他们曾经同任武帝的侍中，是很好的朋

第四十一局：塞上诀别

友。但李陵心中有愧，一直不愿与他相见。后来，李陵置酒于北海邀苏武畅饮。他说："我虽然是奉命来劝降你，但我们朋友一场，希望能坦诚相待。你回汉已经无望，只能老死在塞上。过去你的哥哥扶着皇帝下车，折断了车辕，被认为是大不敬，畏罪自杀了。你的弟弟奉命去追捕一个把驸马推下河的宦官，没有收获，也畏罪自杀了。我离开长安的时候，你的母亲已经去世，是我送葬的。你的妻子也已经改嫁。家里剩下的亲人在你离开的十多年里生死不知，下落不明。你还有什么可牵挂的呢？皇帝昏庸无道，诛我全族的事你也知道。你还为谁守节呢？"

苏武回答说："大臣效忠君王，就像儿子效忠父亲，虽然要死，但也没什么可恨的。"又说："如果一定要逼我降服，那么请结束欢饮，现在就让我死在你的面前。"李陵闻言长叹，泪湿衣襟，告别而去。

再过了些年，汉昭帝的使者在匈奴寻访到苏武，向单于请求放他回汉。那时候的苏武，已经年近六十，塞上的苦寒已经让他须发尽白。

李陵闻知，再次置酒，来向老友祝贺。在酒酣之际，李陵高歌狂舞，他说："如今你回去，必将扬名于天下，而流芳于百代。历史上的忠良正直之士，没有超过你的。我李陵罪不可恕，和你判若云泥。"并且感慨地说："生为别世之人，死为异域之鬼，长与足下生死辞矣！"

这是一场关于节操的酒局。酒局的两端，端坐着屈辱与气节。一端的李陵，愁肠郁结，他是名将之后，较常人更难以承受不死而降的屈辱和遗臭乡党的绝望。而另一端的苏武，以十九年的孤寂，坚守了自我的尊严，坚守了"朝士"的尊严，坚守了一个帝国的尊严，也坚守了一个民族的尊严。这种气节，这种坚持，让人潸然泪下，让人血气贲张，让人勇敢无畏。

第四十二局：霍家骄奴

主饮：胡姬；主陪：霍显；主宾：冯子都；地点：长安酒家

这一酒局出自一首诗：汉代辛延年的《羽林郎》。诗里面说："昔有霍家奴，姓冯名子都。依倚将军势，调笑酒家胡。"

霍光因为兄长霍去病功勋卓著，得到汉武帝的照顾。霍去病死后，霍光成为多疑的汉武帝最为信任的人之一，时常侍奉左右。武帝去世时，霍光成为托孤大臣，先后经历了武帝、昭帝、废帝刘贺、宣帝四朝，执政时间长达数十年。

霍光辅政期间，权倾朝野。满朝文武，大半出自同族或门下。朝中汇报给皇帝的大事，都要先行汇报给他。他废刘贺，立宣帝。死之后宣帝亲自到家送丧，还命令在京二千石以上的官员全部来吊唁。霍光的妻子霍显为了让女儿霍成君成为皇后，毒杀了宣帝的正妻。后来宣帝立了太子，因为不是霍成君所生，霍显竟多次毒杀太子未遂。有一次霍家的车奴和御史的车夫争道，霍家车奴居然闯入御史家中大闹，逼得御史叩头谢罪。这也算是古今罕有之事了。

霍显耐不住寂寞，在丈夫去世后与宠奴冯子都有奸情。从上文的介绍可以看出来，霍家奴仆威风凛凛，都不是什么善茬。冯子都路过长安酒

第四十二局：霍家骄奴

肆，就发生了诗中所写的一幕。

那是一个春日，卖酒的胡姬年方韶华，头上斜插碧玉簪，耳边缀着大秦珠，红裙翠袖，长裾飘飘，婀娜多姿，美艳动人，点缀得衰杨病柳的长安街头春意勃勃。酒色骄人的冯子都肥马轻裘路过此地，一见之下神魂颠倒，徘徊着车马不肯离开。胡姬亲切地敬称他为"金吾子"（禁卫军的长官）。这位金吾子派头十足，银子做的马鞍，翠羽修饰的车盖，一副有钱、有权、有品的模样。但一进到酒店，冯子都急不可耐地露出了本相：他轻佻地靠近胡姬，一会儿要求上菜，一会儿要求上酒（"就我求清酒，丝绳提玉壶"）。还涎着脸，送了一面镜子，要亲手系上胡姬的罗衣。这是一种轻薄并且公然调戏的行为。这面镜子，想来是霍府中的珍品，也许就是霍显用过的。冯子都以为胡姬一定欣喜若狂，被这贵重的礼物感动得投怀送抱。胡姬却做了刚毅果断的拒绝："不惜红罗裂"，并且说"何论轻贱躯"。意思是我虽然是一个低等百姓，但宁可撕破这件红裙，也不愿意系上你的铜镜。因为你们这种男人喜新怨旧，而我只珍惜自己的意中人。然后语气转缓说：您和我贵贱有别，请您收起您的博爱，我担当不起（"男儿爱后妇，女子重前夫。人生有新故，贵贱不相逾。多谢金吾子，私爱徒区区"）。

这个故事和《陌上桑》里采桑女罗敷遇到使君的调戏有些相似。我们无从知道年幼的胡姬是否抗拒得了骄奢的冯子都，他毕竟是气焰熏天的霍家骄奴。也许胡姬是幸运的，冯子都在大庭广众之下不敢妄为，悻悻作罢。也许胡姬是不幸的，一番说辞并不能打动欲火攻心的冯子都，被他强载上车，扬长而去。

胡姬的命运是这场酒局留给我们的一个悬念，但要解开这个悬念不会太久。汉宣帝很快诛灭了不可一世的霍氏家族，受牵连被杀的竟然达到上千家！这是一场仗势欺人的酒局，实质上是权力的盛宴。酒局里的冯子都们飞扬跋扈、得意忘形，不会预见到雪涣冰消、大厦倾倒的日子。

第四十三局：昭君出塞

主饮：王昭君等；主陪：呼韩邪等；主宾：汉元帝等；地点：塞外

呼韩邪单于到长安朝贡，对汉朝而言，是一件外交大事。汉与匈奴世代为敌，农耕文明与游牧文明在扩张中激烈碰撞，大小数百次战争，不知道双方丧失了多少良将健卒，留下了多少孤儿寡妇，消耗了多少粮草骏马。汉元帝赐给呼韩邪五名宫女，维系两国友好的关系。其中就有王昭君，她入宫多年，在嫔妃众多的后宫，一直没有见过元帝。青春日渐消磨，得到和亲的消息后，她主动请求参加。

呼韩邪告辞归国，元帝设宴践行，并让五女登场。王昭君着意修饰，明眸善睐，顾盼生辉，如巨烛明珠，光照一殿。汉元帝大惊大悔，很想留下她，但不便失信，只好同意她北去。

呼韩邪对昭君异常宠爱，封她为阏氏，生下一子封为王。呼韩邪死后，按照习俗，昭君嫁给他的长子为妻。因为昭君，汉与匈奴有半个世纪没有再起过争端。她虽是一介女流，但功劳不亚于霍去病。

昭君并不是第一位和亲者，之前还有很多位，最近的是解忧公主，她是叛王之后，戴罪之身，汉武帝想联合乌孙夹击匈奴，就把她嫁给乌孙王，她三次改嫁，将近七十才回到长安。解忧公主之前，是细君公主，父

第四十三局：昭君出塞

母也获罪被杀，自己奉命和亲乌孙，言语不通、水土不服，她很苦闷，唱道"吾家嫁我兮天一方……愿为黄鹄兮返故乡"，但汉室不允，只能郁郁而终。

昭君身后，还有很多女子和亲远嫁，有一些是真正的宗室之女，有一些是顶替公主的宫女嫔妃，其中经历周隋两朝嫁入突厥的千金公主、唐朝嫁入吐蕃的文成公主和金城公主极为有名。前者遭遇故国颠覆，又被新朝抛弃，无所依仗，终被丈夫杀死。后者带去了大唐的工匠、器物、技术和文化，微弱而坚韧地维系着两个强大民族的和平，同时代的诗人称赞："自从贵主和亲后，一半胡风似汉家"。

戏曲《汉宫秋》里，将汉元帝写得有情有义，昭君辞汉，元帝有一段缠绵凄恻的顶针唱段："返咸阳，过宫墙；过宫墙，绕回廊；绕回廊，近椒房；近椒房，月昏黄；月昏黄，夜生凉；夜生凉，泣寒螀；泣寒螀，绿纱窗；绿纱窗，不思量。"昭君心有所感，在胡汉交界跳江自杀，保全了对元帝的忠贞。

其实这忠贞，不要也罢。倒是王安石看得透彻："汉恩自浅胡恩深，人生乐在相知心"。戏里添加了毛延寿的故事，仿佛昭君出塞是为人所害。其实，留在汉宫，又能如何？开启新的争宠、失宠的故事？还是从青丝到白头、消磨掉自己的一生？去到一直被妖魔化的死敌所在的穷边塞外，去到饮毛茹血、举目无亲的异邦，想来也好过这种绝无希望的生涯。

和亲，是武力征伐时代的遗憾。和亲者无一例外是政治妥协的牺牲品。刘细君、解忧公主、王昭君、文成公主、金城公主……知名者寥寥，湮灭无闻者数百人，远嫁到千里万里之外，她们如同被风吹散的一束蓬草，就此扎根在荒漠戈壁之中。和平的重担，压在这一双双柔弱的肩膀上，真不知该歌颂还是该怜悯。她们绝大多数没有选择，除了昭君，她自请出塞，在呼韩邪辞国的宴会上盛装登场，多么惊艳，多么勇敢，多么凄怆，多么无可奈何！

95

第四十四局：豨血之誓

主饮：王莽；主陪：王太后；主宾：诸囚犯；地点：王路堂

王莽和所有的外戚一样，因为女人得势而鸡犬升天。但与卫青、霍去病安邦定国不同，也与李广利、田蚡骄横享乐不同，他不甘心做外戚，而是深谋远虑，篡位建立了新朝。这是历史上短命的统一王朝，前后仅十五年。

王莽父亲早逝，家道中落。叔伯兄弟们声色犬马穷奢极欲，他则恭俭有礼，学习勤奋，赡养寡母和孀嫂，在王家子弟中显得出类拔萃，得到了有远见的长辈的赏识，从此走上仕途。

王莽克己奉公、礼贤下士，很快就贤名远播，在三十多岁就顺利任大司马之职。之后辅佐汉平帝，成为朝中砥柱。被姑妈王太后授予了最高的荣誉：册封王莽的女儿为皇后、禁止同僚与之同名、授太傅大司马衔、加九锡、赐"安汉（意为安定汉室）公"爵，最终"摄皇帝"，一步步靠近权力的巅峰。在这一过程中，王莽也付出了代价：他宵衣旰食以示忠君爱国；为防闲言杀了犯罪的两个儿子；暗中翦除竞争者和敌对者；以迷信谶纬之说自我神化；制造舆论播传贤名。前后有四十八万七千五百七十二人上书劝朝廷加赏王莽，连诸侯王公都磕头劝进。这一招后来被袁世凯学了

第四十四局：豨血之誓

过去，组织了很多劝进团，为自己做皇帝壮声势。

王莽就这样顺利篡汉，他做了很多努力，希望把民生凋敝、百废待兴的王朝带向富强。所以古人对王莽的态度非常复杂，毁誉参半。那些改革措施有的太超前，有的太复古，有的不切实际，有的难以推行。很快，新朝就在一边倒的喊打声中土崩瓦解。各地的盗贼、义军如火如荼，渐渐逼近长安。王莽做了和秦二世相同的决定：释放了城内所有的囚犯，给他们兵器。并把猪血滴入酒里，要求他们一起发誓："不效忠新朝的，都要被鬼惩罚。"举行盟誓一般是歃血为盟，主要是饮酒，而不是饮血。他是靠迷信起家的，大难临头，依然希望靠迷信来凝聚民心。但这支无组织、无信义、无纪律的军队还没有过渭桥，就跑得一干二净。叛军攻入城内，王莽穿戴整齐，戴皇冠，佩玉玺，手握象征威严和权力的匕首，端坐在自己铸造的代表天命的铜斗下，说："我受命于天，他们不能把我怎么样！"结果叛军杀了进来，将他斩首分尸。

八年前的早春二月，王莽在王路堂置酒欢饮，公卿大夫们纷纷敬酒祝贺，他志得意满，大赦天下。不曾想八年后，他再次大赦囚徒，将他们作为自己负隅顽抗的最后一支武装，并不得不和这帮毫无信义的亡命之徒歃猪血订盟誓。

王莽刚刚登基时，向王太后讨传国玉玺，太后大怒，将玉玺摔在地上，损一角。王莽用黄金镶补，名为"金镶玉"。他抑制不住内心的狂喜，借太后名义，在未央宫建台置酒，史书上说"大纵众乐"。他得到了皇帝的最重要的权力象征—玉玺，踌躇满志，规划着一个崭新王朝的未来。也就在此地，十四年后，他失去皇帝之位，也失去了性命。

这是一场关于野心的酒局，也是一场关于梦想的酒局。王莽端坐在那乌托邦式的梦境里，当膨胀的欲望破灭，当美梦被惊醒，努力与憧憬，终将是电光泡影，明知是徒劳，但对于理想尚存的人而言，谁又不愿意做一次尝试呢？

第四十五局：安知非仆

主饮：刘秀；主陪：刘縯，邓晨；主宾：蔡少公诸人；地点：蔡邸

很多年后，光武帝刘秀一定还会记得姐夫带自己和长兄去蔡邸的那个遥远的早晨，那时候蔡邸金碧辉煌，往来的都是饱学仕宦，刘秀跟随小有名望的亲人坐在宴会的角落里聆听各位的高论。这次的酒宴如同往常的一般，在王莽末年，贵族们努力维持着繁荣富贵的假象，尽管这虚假的太平亦不会持续太久。

西汉谶纬盛行，这是一种类似预言的迷信，据栾保群先生考证，谶纬在民间以歌谣谚语的形式出现。其中很多都带有政治的特点，所以在王朝的兴衰更迭过程中，总是伴随着造谶和禁谶的运动，历任君王都试图用它使群众相信自己是"君命神授"。其中有名的一篇是在民间流传的《赤伏符》，和后世《甲子歌》《推背图》类似，都荒诞不经而煞有介事，里面明确地说："刘秀当为天子。"

蔡邸贵宾们正在集中学习《赤伏符》，新朝大厦将倾，议政这种事虽然大逆不道，但朝廷已经无力顾及了。大家议论的焦点是王莽的亲密战友、国师，集政治家、大儒家、文学家、史学家、数学家、天文学家、神秘学家于一身的"学术界的大伟人"（顾颉刚语）：刘歆。他因为参与王莽

改制，并推崇古文经学而名重当时。也许他知识渊博且研究谶纬，较早较便利地接触禁书，所以在汉哀帝时代，他就悄悄改名叫刘秀。希望能应"刘秀为天子"的谶语。

当蔡少公故作神秘地说刘秀当为天子时，大家都心领神会，一致认为天命当归国师刘秀。这时候，坐在末席的刘秀微笑着说："何以知道就不会是我呢？"（"何用知非仆耶"），大家惊愕之余，看到年轻的刘秀，都哈哈大笑起来，觉得这只是巧合引发的笑话。只有邓晨留意在心，从玩笑里看到了刘秀同样勃发的野心，从此倾家追随。

推翻王莽后，又经多年内战，刘秀称帝，定都洛阳，建立东汉。几年后，光武帝将邓晨约到京城里，请他喝酒，两个人谈论着旧事，十分欢畅。邓晨说："没想到当年蔡公席上的笑话竟然实现了！"刘秀一愣，哈哈大笑。邓晨去世后，光武帝与皇后亲自吊丧送葬，也没有辜负当初与他订交相随的友谊。

秦始皇出巡时，仪仗威严，刘邦看到后，说："大丈夫当如是也"；项羽看到后，说："彼可取而代之"。同样是狂言，在太史公笔下却性格分明，一个是城府深沉的艳羡，一个是豪气干云的率真。刘秀所说的"安知非仆"，与他们一样，成为历史上著名的壮语。如果有人在酒后描绘未来，我们无需置疑，那样只会换来"燕雀安知鸿鹄之志"的轻蔑。记入史册的壮语狂言，大半会成为真实，但我们知道，历史是为成功者书写的。数不胜数的人倒在走向成功的路上，他们一样充满理想、充满自信，并且为之奋斗终身。

第四十六局：君父国家

主饮：汉明帝；主陪：无；主宾：汉室臣民；地点：天下

汉明帝刘庄在历史上的声望不如秦皇汉武，甚至没有辫子康乾有名，但我们无法想象，明帝在位十八年，享年四十八岁，历史上居然记录了他慰劳天下百姓，赐给金钱、爵位、粮食、酒肉，或者免掉赋税达到了十五次之多，这还不把他赐予群臣、亲友、属吏算在其中。

他三十岁即位那一年，下诏说自己"不知稼穑之艰难"于是给天下人赐爵两级（国家爵位共二十级，平民获得一定的爵位，即获得一定的权利，到达一定级数后，不可再升，但可转给子孙）；给老人、忠厚人、孝道人三级；给孤老、寡妇、弃儿女、病疾人十斛粮食；赦免罪犯。

九月，陇西遭兵灾，免陇西田租一年，给囚徒减罪一级；天水三千人免税一年。

十二月，勉励农桑，允许赎罪，并要求官员们征发平均。

次年，参与征战羌族的战士每人赐钱三万。

第三年冬，赐天下长寿之人酒一石，肉四十斤，要求有关部门"存耄耋，恤幼孤，惠鳏寡"；

第四年二月，再次给天下人赐爵两级，年老、忠厚、孝悌人三级，给孤老、寡妇、弃儿女、病疾人五斛粮食。八月，因为日食，他自责说现在"水寒不节，稼穑不成，人无宿储"。

第五年春，亲任农耕，并祈雨，以一半俸禄赐有关部门"遵时政、平刑罚"。

第六年十二月，赐给远征战士每人二万钱。

第九年十月，视察学校，养老院，给囚徒减罪一等，所有迁徙之人赐给衣食。

第十年三月，给囚徒减罪，有愿意和妻子到边远地方拓边的，如果罪犯死了，岳父或者同胞兄弟免除赋税，如果妻父去世，就赐给妻子的母亲六万钱。

十三年五月，再次赐天下爵位二级，年老、忠厚、孝悌人三级，给孤老、寡妇、弃儿女、病疾人三斛粮食。下诏提倡节俭，提倡丧葬从简。

十三年冬，达到了"天下安平，人无徭役，岁比登稔，百姓殷富"的小康社会。

十六年三月，再赐爵，并赐从官、属吏，赦免罪犯。帝国的狂欢达到了巅峰，明帝下令"天下大酺五日"。一直以来，为了维稳，《汉律》有明确的规定："三人以上无故群饮，罚金四两"。明帝不顾这一禁令，让天下所有人一起饮酒聚餐，长达五天之久。汉代的经济并没有丰足到粟烂贯朽，但他做了一个伟大的决定：普天同乐，举杯畅饮。这是怎样的气魄胸怀！

十七年九月，再次为囚徒减罪。

十八年二月，再次赐天下爵位二级，年老、忠厚、孝悌人三级，给孤老、寡妇、弃儿女、病疾人三斛粮食。

十九年三月，再次为囚徒减罪。

十九年四月，赐爵，赐贫困孤寡者三斛粮食。

第十九年的八月，明帝去世。遗诏要求制石棺椁，不修陵墓，不修坟茔，不修墓道。

将 进 酒

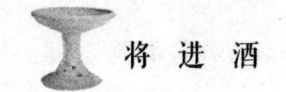

明帝一生勤政,但为我们津津乐道的,只是他开辟西域都护府,并将佛教引入中国,并修建了第一座寺庙白马寺。是的,政治和文化上的功业将他勉强送入了明君的行列。他生性严苛,未必算得上仁君。在家国同构的封建社会里,国即是家,君如同父。我们翻开"为帝王将相作家谱"的史书,看到这"五日大酺"的宏大酒局,看到这十九年间无数次让当代执政者汗颜的惠民之政,不能不向这位默默无闻的君王致以最虔诚的敬意。

第四十七局：对酒当歌

主饮：曹操；主陪：刘备，孙权；主宾：建安诸子；地点：天下

曹操的文治武功，千古一人。除了是魏王、武皇帝，还兼作建安诗魁。魁，就是第一，比如花魁，就是妓女中最出色的。魁也有高大、强悍的隐含义，比如党魁，得有鲁迅说的"山大王气"。但后者并不凭借身高体貌，《史记》记载孟尝君出访赵国，老百姓围观议论：本以为他很"魁然"，不料是个"渺小丈夫"。孟尝君听罢，用实际行动证明了自己很"魁然"，当场杀了数百人，灭了一县。

曹操对自己的长相也不自信，他躲在一旁，让仪表堂堂的崔琰冒充自己接待匈奴使者。别人问使者魏王怎么样？使者说：魏王当然看起来挺帅，但旁边站着的那位才是大英雄。

与曹操相关的三个酒局，虽不可考，但都无比精彩。

一是"宁可我负天下人，不可天下人负我"的酒局，曹操反了董卓出逃，到了好友吕伯奢家，吕氏酒肴相待，曹操疑心重重，杀了吕家数人，留下这惊天动地的不义之辞。

二是得志之后，已成新盟主的曹操与落魄寄居、浇水种菜的刘备议论当世英雄，一副天下尽在指掌之间的气概。惊雷失匙故事源自《三国志》，

将进酒

经《三国演义》细节虚构而成为著名的"青梅煮酒论英雄"。对话是一问一答。曹操问,刘备答;而后刘备反问,曹操答。不同的是曹操是披肝沥胆的真话,而刘备是谨小慎微的虚言。曹操踌躇满志,刘备韬光养晦。短短的对话,曹操一抒胸臆,刘备小露锋芒。

这是知己之间的酒局。但这知己,不久后就将成为仇雠,各自开创不朽的基业。"天下英雄,唯使君与操耳!"这是何等豪迈,何等自信。又是何等惺惺相惜。

三是赤壁大战前夕,曹操在江上饮酒吟诗,意气风发。当时汉室微弱,摇摇欲坠,曹操有维系大功,大权独揽。他亲冒矢石,历经多年征战,统一北方,如今旌麾南指,要吞并东吴,然后西进入川,谋划大一统的版图,完成"治世之能臣"的人生伟业。苏轼在《前赤壁赋》里,第一次提到曹操"酾酒临江,横槊赋诗,固一世之雄也",但东坡是杜撰大师,这一幕实为文学想象。据说他参加科举,主考官很佩服其文笔,但对他所引的一个生僻典故有点拿不准,最后忍不住问出自何典,苏东坡说:是我"想当然"的。

故事是假的,诗却货真价实:"对酒当歌,人生几何?譬如朝露,去日苦多……青青子衿,悠悠我心。但为君故,沉吟至今……明明如月,何时可掇?忧从中来,不可断绝……山不厌高,海不厌深,周公吐哺,天下归心。"

文学史上著名的建安诗风从此启幕。

汉末建安年间,相继出现的一大批诗人,面对兵燹频替、生灵涂炭的社会,加入了深沉的人生体验与思考,使得诗歌苍劲慷慨,风骨凛然。与以往浮泛感慨不同,创作者的自我面目越发凸显。曹操、曹丕、曹植是建安文学的主力,围绕在他们周围的是王粲等"七子"。文学成就最高的,依然是高吟"对酒当歌,人生几何"的曹操。

当然,还有一位出身名门,年轻守寡时被匈奴掳到朔方苦寒之地,生下二子的蔡文姬。十余年后,曹操用重金将她赎回。文姬归时,二子被

第四十七局：对酒当歌

留，一面是亲情难舍，一面是故土难忘，哪种选择都让文姬肝肠寸断，她的《悲愤诗》记当时情景，读来催人泪下。一千多年后，秦淮女子宋蕙香，被掳往漠北，于河南驿站壁上绝望地写道："谁散千金效孟德，镶黄旗下赎文姬？"

曹操赎文姬，这不只是才人之间的知感，更是一代英雄豪杰人性的光辉折射。

第四十八局：帝子好剑

主饮：曹丕；主陪：赵文王等；主宾：邓展；地点：军中。

赵文王好剑术，养了三千多剑客，日夜在大殿前演练厮杀，每年要死掉几百人，导致国家衰微。庄子去见文王，说自己也会剑术，并且"十步杀一人，千里不留行"。文王一听，大喜过望，这是天下无敌的剑法啊，快快表演。庄子说："我有三种剑术，您要看哪一种呢？第一种是天子之剑，以山川为剑柄，诸侯为剑身，以春夏秋冬为法则，以阴阳刑德为技巧，上绝浮云，下绝地纪，舞起来天下匡服，百姓安乐。第二种是诸侯之剑，以勇猛为锋刃，以清廉为柄，以忠良贤德为器，舞起来四时顺，四民安。第三种是庶人之剑，蓬头散发，瞪着眼睛，相互辱骂，跳跃着砍来砍去，斩头剖腹，和斗鸡没有什么差别。一旦受伤或者被杀，哪一点都无补于国。大王有天子的权位，而喜欢庶人之剑，有点不妥吧。"赵文王听后怅然若失，明白庄子在拿自己开涮，治国之道远高于技击之术。

《史记》记载项羽曾经学书，学了几天，说能够记名字就够了。又学剑，学了几天说："学剑学得再好，不过是一人敌。要学就学万人敌。"于是学兵法。

大诗人、大枭雄曹操南征北战，显然武艺高超。他虽然被人骂汉贼，

第四十八局：帝子好剑

但一直都打着汉丞相的旗号来平定天下。倒是他的儿子曹丕，直接篡夺了汉室江山，后来追封老子曹操做魏武帝。

曹丕的武功似乎更胜一筹，他说自己五岁学射箭，八岁就能骑马开弓，经常跟随父亲出征。后来打猎，一天能打三四十头野兽。还说自己学剑多年，颇有心得。曾经与两位大将军刘勋、邓展喝酒，听说邓展精通各种兵器，能"空手入白刃"。曹丕和他谈了片刻，认为对方武艺不到家，邓展喝多了，要求和世子较量较量。两人拿着正在吃的甘蔗比划了一下，曹丕三次都打中了邓展的手臂，大家都哄堂大笑。邓展不服气，要求继续比试，结果曹丕身手不凡，直接击中邓将军的面门，满座皆惊。

曹操出征时，曹植写了一篇送行的文字，辞采华美，曹操大为赞赏。而曹丕只用"流涕"来表现对父亲的思念和担忧，高下立现。曹丕精心从父亲心里夺得本属弟弟的专宠，顺利继位。继位后，多次寻找机会除掉弟弟，据说"本是同根生，相煎何太急"的七步诗因此而生，直到后来母亲求情，才以贬谪了事。

曹丕一直都有心病，他的诗文写得很好，但始终不如父亲气魄宏伟，不如弟弟婉转清绝。他颇为自得地展示自己的剑术，但这又能媲美父亲的赫赫战功吗？和弟弟"利剑不在掌，结友何须多"的豪情、"仰手接飞猱，俯身散马蹄"的技击相比，似乎也占不到什么风头。这看似一场帝王好剑术的酒局，实则是帝王自我神化的酒局，也是他寻找自信的酒局。要求久经沙场的将军和世子来比剑，其结果实可预知。至于说邓将军不服气，想来只是为了这场演出效果更为逼真而已。

第四十九局：群英会蒋干

主饮：蒋干；主陪：江左群英；主宾：周瑜；地点：东吴兵营

这也是一场著名的酒局，其著名程度，媲美最著名的戏曲家关汉卿所虚构关云长的单刀赴会。关云长独立舟头，凭栏远望，悲慨莫名，他唱到："水涌山叠，年少周郎何处也？不觉的灰飞烟灭，可怜黄盖转伤嗟。破曹的樯橹一时绝，鏖兵的江水犹然热，好教我情惨切！这也不是江水，是二十年流不尽的英雄血。"在云长眼里，这汹涌东奔的大江，流淌着当年的英雄碧血。

云长浩歌里的英雄们，在最为著名的赤壁之战前夕曾设宴欢会，款待一位渡江而来的远客。这位客人却不是赳赳武夫，而是文士蒋干。蒋干受曹操之托，来劝降周瑜，希望兵不血刃收复东吴。

但是他失败了。因为他要面对的是将要在此一役中建立千秋功业的周瑜。周瑜年青俊美，气度恢弘，又擅长音律，经常有女孩在他面前故意弹错音律，盼望得到他的指导。谚云："曲有误，周郎顾"。他更是军事天才，苏东坡推崇备至，说他"羽扇纶巾，谈笑间樯橹灰飞烟灭。"

蒋干布衣葛巾，着一叶扁舟，从大雾弥漫的北岸而来。周瑜出迎，一言道破，他说："子翼您远道而来，是为曹氏劝降的罢？"蒋干大吃一惊，

第四十九局：群英会蒋干

急忙分辨："我和您是同乡故旧，分别多时，现在您名扬四海，我顺道来与您叙旧。并非是做说客。"周瑜微笑着回答："我闻弦歌而知雅意。"他留蒋干住下，三天后，邀请蒋干在军营中游览，看军械、看战士、看粮草。也是暗示他，东吴兵精粮足，堪与曹军一战。

当晚，周瑜设宴，召集江东豪杰一起款待蒋干。在席间周瑜向他吐露心声，说东吴孙氏与自己知己相托，情同骨肉，祸福与共，就算口如悬河，舌如利刃，也不能打动自己。蒋干会意，知其不可，便回到江北，对曹操说："周瑜雅量高致，非言辞所间（言语无法打动和挑拨）。"这是知己之间的赞誉。

在《三国演义》中，这一酒局就生动盛大得多：周瑜大张筵席，奏军乐，轮换行酒。酒酣，周瑜说："今日江东英杰全部在此聚饮，可以称此会为'群英会'。"饮到天晚，点上灯烛，周瑜拔剑起舞，且舞且歌。他唱道："丈夫处世兮立功名；立功名兮慰平生。慰平生兮吾将醉；吾将醉兮发狂吟！"

张伯驹曾看到一联：大帝君臣同骨肉，小乔夫婿是英雄。十四字落落光明，上联说孙权帐下群英荟萃，下联说周瑜与小乔英雄美人珠璧生辉。

这是周公瑾踌躇满志的酒局，是他，让酾酒临江，横槊赋诗的曹操止步于此，三国鼎立的最终局面就要形成。蒋干即将见证这一伟业。

《蒋干盗书》是经典剧目，他鼻眼处画白，以小丑的角色出场，被周瑜玩弄于指掌之间，他盗取一封假信，冤杀了曹营水军头领。

其实蒋干能做曹操的说客，绝不会是一个草包。《江表传》里说他才华横溢、独步江淮，可谓"有学"；天下大乱之际，他追随霸主曹操，可谓"有识"；两军对垒一触即发之际，他希望不用战争而是用外交手段和平解决，可谓"有仁"；他孤身往返于大江之上，掉口舌于干戈之间，可谓"有勇"；游说不成，回报时能客观评价，可谓"有礼"。但这一局"群英会"，是属于别人的盛会，并不包括他。他是一个优秀青年，但在这样一个英雄辈出的时代，实在微不足道。

第五十局：禁酒风波

主饮：简雍；主陪：孔融；主宾：刘备，曹操；地点：市井

酒自造成，一直因为各种原因被禁止。最早提出禁酒的人是大禹。传说大禹饮了仪狄酿造的美酒后"疏仪狄而绝旨酒。曰，后世必有以酒亡其国者"，第一个旗帜鲜明地反对饮酒。商纣王饮酒亡国，周人有鉴于此，发布了最早的禁酒令《酒诰》。

秦国商鞅对酒收取重税，甚至十倍于成本。汉初出于维稳考虑，禁止三人以上饮酒，否则处于高额罚金。汉武帝时期，为补充因为穷兵黩武造成的国库空虚，大行"酒榷"，官府直接垄断酒的制售环节。

汉顺帝曾因为天灾而禁酒；曹操因为需要保证北方的粮食供应而禁酒；刘备也因为天旱欠收而禁酒；北魏年间天下富足，因为饮酒滋事者极多，于是也禁酒。并且禁得非常彻底，有酿酒、卖酒、饮酒的，一律杀掉。唐肃宗因为饥荒而禁酒；南朝宋文帝因为水涝而禁酒；十六国的石勒因国家新生，于是禁酒，几年后整个国家没有了会酿酒的人。朱元璋为了减少粮食的浪费也禁酒，甚至禁止民间种植糯米，彻底断了酿酒的源头；清康乾之际，也曾因为酿酒耗费粮食甚巨而严令禁止过好些年。

遇到皇帝、皇后驾崩的"国丧日"，历来不许宴饮。写下四大戏剧之

第五十局：禁酒风波

一《长生殿》的洪昇，曾在国丧期间饮酒演戏，被康熙革职。

有提倡禁酒的，也就有反对禁酒的。就算是皇帝的旨意，也会被沸议、被反对，或者被阳奉阴违。

蜀汉时期刘备禁酒极为严厉，酿酒之人必须施以刑罚，以示儆诫。不知道是不是有"抓酿任务"，城市管理者们无不竭力抓捕，宁可错杀绝不放过，家里只要有酿酒器具的就被以酿酒嫌疑犯的身份抓起来。也就是持有作案工具等同于发生了作案行为。也许是为了政绩，也许是为了创收，大家都没有什么异议。一位叫简雍的大臣，陪着刘玄德出游的时候，看到一男一女在路上走，他急忙大叫：快把这两个淫乱的男女抓起来！玄德公大为惊异："他们淫乱不淫乱，先生您是怎么知道的呢？"简雍说：他俩都带着作案工具呢！玄德公大笑，知道简雍别有所指，就释放了那些家有酿具的嫌疑人。

曹操禁酒，则遭遇了孔子嫡传，大狂生、大名人孔融的反对。孔融恃才放旷，经常和曹操作对。曹操写"对酒当歌，人生几何"、"何以解忧，唯有杜康"，何等潇洒不羁。但一旦地方平定，为养民考虑，曹操下令禁酒。孔融的词锋实在太强，他俩本来是打文笔官司，曹操说喝酒误事，孔融就反驳说前代帝王将相，饮酒之徒不少，汉高祖就是一例（这是暗指曹操有篡汉之心）；曹操再反驳说饮酒误国，孔融就再再反驳说，女人也误国，那大家都不要结婚得了。二人不睦已久，这次孔融占尽上风，毫无让梨的意思，曹操下不来台，大为恼火，找个茬杀了他一家老小。

无论是简雍说情，还是孔融抗命。酒已经不单单是一种发酵物，它渗入到我们的民族、我们的文化最深的地方去了。就算雄才伟略的刘备和曹操，也不能禁止这一文化血脉肆意地流淌。何况，人性觉醒的伟大时刻已经来临，竹林七贤这些真正的酒徒，已经洗盏备驾，缓缓而来。

第五十一局：阮公宿邻

主饮：阮籍；主陪：卖酒妇；主宾：司马昭；地点：酒家

"阮公邻家妇，有美色，阮与王安丰常从妇饮酒，阮醉，便眠其妇侧。夫始殊疑之，伺察，终无他意。"

阮籍的邻居是一个卖酒的美女，他经常跑过去和卖酒妇喝酒，喝酒醉了就躺在她的身边，卖酒妇的丈夫观察了很久，发现他丝毫没有不轨的行为。如果说柳下惠坐怀不乱，则阮籍更胜一筹。酒能乱性，但是对于胸襟坦荡的人而言，能够保持如一。有人议论他和嫂子经常见面，于礼不合，他轻蔑地说："礼岂为我设耶"（礼法怎能约束我这样的人呢）？相比现在酒局，一旦有美人在座，便矜持作态，实在与真正的名士狂生相去甚远。

在礼法森严的时代，阮籍自然遭人嫉恨。当时出了一件大案，有人杀了自己母亲，大家议论纷纷，阮籍随口说："杀父亲也就罢了，怎么能杀母亲呢？"别人就上书揭发，说他言论不当。晋文帝司马昭问他，杀父亲是十恶不赦的大罪，您怎么能说这种话呢？阮籍说："杀父亲是禽兽行为，而杀自己的母亲，那是禽兽不如啊。"以此搪塞过去。

阮籍天性自然，又纯孝。母亲去世的噩耗传来时，他正在下棋。对弈的人说：我们停下来罢。阮籍坚持不肯，终局后，阮籍要了两斗酒，一饮

第五十一局：阮公宿邻

而尽，然后放声大哭，直到哭出血来。下葬时，很多人来吊唁，发现他散发坐地，醉眼矇眬，无精打采。裴楷说："我们世俗人追求的那一套礼法，根本不是阮籍所崇尚的。"嵇康的哥哥嵇喜闻讯赶来慰问，阮籍一言不发，不理不睬，还给他白眼看，嵇喜大为不满，拂袖而去。嵇康带着酒和琴来，阮籍这才正眼相看。历史上说阮籍善作青白眼，对看得上的人青眼相待，对看不见的人则不屑一顾。千百年来，文人士子学他的心高气傲，只学到"十有九人堪白眼"的脾气。阮籍和嵇康、山涛、刘伶在竹林饮酒，王戎来晚了，阮籍说：这个俗物又跑来败兴了。幸好王戎度量甚好，笑着说：你们几位的兴致，我这个俗物哪里败得了。

后来王戎做了尚书，坐车从黄公酒垆下过，突生感慨，对同车的客人说："我当年和嵇康、阮籍在这里饮酒，竹林酒徒我也名列末座。嵇、阮死后，我也被职官所累，如今看这酒垆近在咫尺，却远若山河。"这是王戎对阮籍表达出的真诚敬意。

司马昭一直希望笼络阮籍，想让儿子司马炎（后来的晋武帝）娶他的女儿，互通婚姻。但阮籍不为所动，司马昭一直找人说媒，阮籍就酣饮六十日，每日大醉。说媒之人找不到机会，只好作罢。

听说步兵校尉一职空缺，而唯一的好处，就是可以管理几百斛酒，阮籍宁可不做国戚，且去做了步兵校尉，史称"阮步兵"。

阮籍曾写下八十多首《咏怀》诗，用纷繁的象征，来表达苦闷和彷徨。他曾登上高城，凭吊楚汉之争的古战场，发出了"时无英雄，遂使竖子成名"的感慨。又曾经登上苏门山，仰天长啸，啸声山鸣谷应。咏怀、感慨和长啸，都是发自内心，振聋发聩的呐喊，这是一个孤独者的自白。

孔子说："狂者进取，狷者有所不为。"狂者，内心进取；狷者，能克制不放纵。魏晋时代是我国历史上最能体现个性、自由的年代，阮籍将这种名士风度发挥到了极致。

第五十二局：刘伶前后身

主饮：刘伶；主陪：石延年；主宾：郑泉；地点：四郊

刘伶如果不是因为与酒结缘，一定会泯然淹没在历史的长河里。他身长六尺（魏晋时一尺约二十四厘米，即身高一米四四），"容貌甚陋"；性格不太好"放情肆志"；并且有点自闭症"澹默少言，不妄交游"。见于《晋书》和《世说新语》的记载不多，只说他家里穷得很，但经常驾着鹿车，带一大壶酒，边走边喝。仆人扛着铁锹跟着，刘伶说："在哪喝死了就在哪把我埋了！"妻子哭着劝他戒酒，刘伶骗她说，我自己难以戒酒，要摆上酒肉，对着鬼神发誓才行。妻子信以为真，结果他跪着念了一套"酒鬼令"说"天生刘伶，以酒为名。一饮一斛，五斗解酲。妇人之言，慎不可听"，就把上供的酒肉吃光，醉得一塌糊涂。他醉后经常在屋里脱得精光，别人讥笑他，他回答说，我以天地为屋子，以屋子为裤裆，你们跑我裤裆里来做什么？他写《酒德颂》："静听不闻雷霆之声，熟视不睹泰山之形。不觉寒暑之切肌，利欲之感情"，爽快潇洒。

在他之前，也有酒痴一位，是东吴的郑泉，郑大人的志向是：能坐上装满美酒的船，跳进酒里去痛饮，船里的酒稍微喝少一点，就又自动满上了。（愿得美酒满五百斛船……反复没饮之……酒有斗升减，随即益之，不亦快乎！）在朝不保夕的三国乱世始终不改癖好。他临死对酒友们长叹，说："一定要把我埋在做陶器的作坊边。死了化成了土，也许会挖出来做成酒壶，那可是美事一桩啊。"

宋代名臣石延年，是名副其实的酒狂，曾经和朋友在酒楼上一言不发喝了一天一夜，面不改色。还有一次招待客人喝到半夜，酒已经喝光了，就以醋代酒，又把船上的一斗醋也喝光。石延年喝酒有很多怪癖，有行为艺术的范儿：比如蓬头散发，带着刑具喝酒，叫做"囚饮"；坐在树梢上喝酒，叫做"巢饮"；绑着枯草，只露出头来喝酒，叫做"鳖饮"，宋人张舜民《画墁录》还记载了他夜里不点灯摸黑喝酒，叫做"鬼饮"；一会跳上树一会儿跳下来，边跳边喝酒，叫做"鹤饮"；诸如此类。宋仁宗很爱才，怕他喝死了，就给他下了禁酒令，结果适得其反，石延年早已嗜酒如命，禁饮之后，渴酒成病，四十八岁就死了。

酒从不寂寞，他有良友如刘伶，如邓泉，如石延年，就如同菊花有陶渊明（陶渊明同样是一位著名的酒徒"偶有名酒，无夕不饮。顾影独尽，忽然复醉"），梅花有林和靖，莲花有周敦颐。酒不会区分人的勇怯、美丑、贫富、平庸或者卓越，它始终平等地对待每一个人。历史上很多人和事因酒而传名，酒也因为这些人、这些事而风光旖旎。它们结下深缘，不离不弃。如今酒局里那些勉为其难、心不在焉甚至呕吐狼藉的人，也算是酒之损友了。

第五十三局：竹林七贤

主饮：嵇康、阮籍；主陪：向秀，刘伶，阮咸；主宾：山涛，王戎；地点：竹林

魏晋时期，有一群旨趣相投的酒徒，放况洒脱，被称为"竹林七贤"。魏晋战乱频仍，是历史上有名的乱世，但也是思想活跃、文化启蒙、人性觉醒的黄金时代。当时玄学盛行，士人注重对自身与命运的思考。于是有人选择了在酒中沉醉，逃避现实；有人选择了借酒抒怀，张扬个性。虽然心态各异，以竹林七贤为代表的魏晋名士们，任自然、越名教、不拘礼法、崇尚自由。他们这些嬉皮士们，在一起嗑药、纵酒、蔑视权贵，开创了魏晋风度，也开创了一千七百年前的"文艺复兴"。

嵇康是竹林酒徒的精神领袖。《世说新语》里形容他的为人如同萧肃松风，酒醉后如玉山倾倒。他与曹魏皇室通婚，官拜大夫，精通文艺，却隐居在大树下以打铁为生。当时社会风气奢靡，男人出门，都要傅粉簪花，而嵇康自由懒散，与时人格格不入。最后被司马氏处死。中国历史上第一场学生运动，就是三千太学生为救嵇康而集体请愿。行刑时，嵇康对着日影，从容弹奏了一曲《广陵散》。

七贤里除了单独成局的狂士阮籍和酒痴刘伶，还有精通《庄子》的向

秀。向秀与嵇康交情最深，两人常在一起打铁。经常会有名流慕名来访，他们一概不见，实在躲不过，见面后一言不发，因此得罪了不少人。嵇康死后，写了一篇纪念他的《思旧赋》。向秀学问很好，但注《庄子》未完就去世了。他的儿子不珍惜父亲的遗著，送给大学者郭象看，结果被郭象顺手牵羊，完全占有了署名权。

阮咸也在七贤之列。阮家子弟中，侄子阮咸最得阮籍赏识。他精通音乐，称得上一代圣手：古代有种琵琶即以"阮"为名。他性格古怪，与人极不合群。曾经与族人宴饮，看不惯他们的矫情放纵，阮咸情愿和一群猪在一起进食，以示叛逆。

还有王戎与山涛，这是两个比较特别的人。尤其是王戎，官至司徒，有异相，双目炯炯。为人则吝啬、精明、刻薄，据载他敛聚无已，经常和夫人拿着牙筹计算财产，日夜不停。家里有很好的李子树，拿出去卖又怕别人得到种子，便先把李子核钻破。女儿出嫁，找他借钱，一直没有归还，回娘家时他就总是板着脸不高兴，直到还了钱才和好如初。

山涛也身居要职，他在竹林诸子中年龄最长，生活清简，谨慎大度。他与嵇康、阮籍关系很好，他妻子韩氏颇闻嵇、阮的大名，要山涛邀请二人到家做客，大具酒肉，留宿二人，自己则翻墙去偷窥，结果被嵇、阮的风度所倾倒，流连了一整晚才回来。山涛问她，这两个人怎么样？妻子说："唉，我一直以为您才高德重。但现在看来，您的才华是远远不如这两位，只是见识、气度上可以做个朋友罢了。"山涛听了，不仅没生气，还挺高兴，说："他俩也常说我气度不凡呢。"山涛诚心推荐嵇康入仕，结果嵇康写下了著名的《与山巨源绝交书》，将他和篡夺了曹魏政权的司马氏痛骂一顿。嵇康死前，没有把自己的儿女托付给哥哥，也没有托付给阮籍和向秀，而是托付给了山涛，并且说"山公尚在，汝不孤矣"。结果在山涛和王戎的培养下，嵇康的儿子也才情出众，如同"鹤立鸡群"。也有人说，嵇康自知不容于司马氏，于是借故与山涛绝交，这样反而能够保全山涛。

将进酒

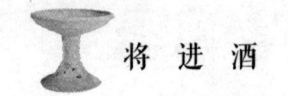

  竹林七贤，只是当时魏晋风流的一个代表。还有如王徽之，住在山阴，在大雪中睡不着，让人打开门，斟上酒，看雪夜皎然。一时感慨万千，想到好友戴安道住在附近。就夜乘小舟去探望他。过了一夜，才到戴门前，但此刻王徽之盼望与好友雪夜共谈的雅兴消减，又掉转头回去了。别人问，到了门口，为何不进去拜访呢？他回答说："乘兴而来，兴尽而返。"

  其实，彼此契心的朋友之间，出于何因，将致何果，已经不重要了。竹林中的七位酒徒，以率真的性情，破除了身份、年龄、性格上的巨大障碍，他们在竹林中逍遥自在，共同构建了中国文人士子心中的精神桃源。

第五十四局：丑女无敌

主饮：贾南风；主陪：赵王伦；主宾：晋惠帝；地点：金镛城

贾南风是一朵奇葩。她又矮又丑又没文化脸上还有大块胎记（"丑而短黑"）。她心狠手辣，善搞阴谋，成功登上了皇后的宝座。她生性淫荡，给皇帝戴了数不清的绿帽子，比起找了好多年男朋友的凤姐又强了不少。

司马昭立世子，贾充提议司马炎。司马炎果然成为后来的晋武帝，一直对贾充的拥立大功铭记在心。有人拍马屁说，白痴太子司马衷已经十三岁了（就是后来那个问青蛙是为公家叫，还是为私人叫；问天下人没饭吃，为什么不吃肉糜的弱智皇帝），不如让贾充来做儿女亲家。武帝并不糊涂，素知贾家妇女有彪悍的传统，并且女儿们个个奇丑无比，从家族后代考虑武帝准备拒绝这些马屁精的提议。但贾充的亲友们还走了杨皇后的门路，连老成持重的大臣也说贾南风是"姿德淑茂"。看到大家异口同声，连皇后也态度鲜明，武帝不得已，答应了这门婚事。但选的是贾充的小女儿，丑得还不算太明显、名声还来不及太坏的贾午。阴差阳错，十二岁的贾午瘦小得连嫁衣都穿不上，贾家索性来了一个狸猫换女，让贾南风代妹出嫁。

贾南风嫁入帝家，马上展现了霸道蛮横的一面，亲手杀过好几个不喜

119

将进酒

欢的宫女。曾经用刀子破开怀孕侍妾的小腹，直到把孩子血淋淋地剜出来。武帝得知后大怒，差一点替儿子做主把她废掉。武帝死了，傻儿子惠帝即位，贾南风成为皇后，丈夫没有管束的能力和智商，她越发肆意妄为，先和御医私通，后来竟然安排人到街头四处搜寻俊俏少年，送入宫内供自己淫乱，然后杀人灭口，导致洛阳城内的帅哥们人人自危。

贾南风逼死素有嫌隙的皇太后，在朝中安插亲信为官，把持朝政，所有的诏书都要经过她的同意才能发布。贾南风一直没有孩子，偷偷把妹夫的儿子送进宫来，声称是自己所生。为了让这个假子登基，她伪造文书，陷害丈夫的长子憨怀太子，昏庸的惠帝不辨真伪，废掉了太子。贾南风还不满意，想毒死废太子一了百了。废太子担惊受怕，每天自己做饭，贾皇后无从下手，只好让人直接将他打死了事。废太子之死，成为历史上著名的"八王之乱"的导火索。齐王入宫收捕人人都得而诛之的皇后，贾南风破口大骂，向丈夫求救说"别人来废你的老婆，你也就等着被废罢"。但惠帝浑浑噩噩，无法理解这话的深意，看着贾南风被送入了金镛城。

金镛城，曾经是皇太后饿死的地方，也是憨怀太子被打死的地方。现在这里成了贾南风的葬身之地。赵王司马伦以其人之道还治其人之身，送来了一杯毒酒，下了假的诏书，赐死了贾南风。

流行的说法是男人控制世界，女人依靠控制男人来控制世界。这句话用在贾南风身上最合适不过。她的悲剧在于得到了本来不该得到的权力，失去了平常心，由于生理的缺陷所造成的心理自卑，在权势的肆意使用中以一种反常的方式放大了。酒局里傲慢、喧嚣、离奇古怪的人，往往藏着各式各样的自卑。

第五十五局：羊陆推心

主饮：羊祜；主陪：无；主宾：陆抗；地点：襄阳

羊祜是西晋元勋，德高识卓，被任命为车骑将军，屯兵荆州，以防备吴国。当时吴国由残暴的后主孙皓主政，但手下有良将陆抗，陆抗是火烧连营杀得刘备白帝托孤的陆逊之子。陆逊也任大吴国的荆州都督，两个国家同时占有荆州，当时西晋的荆州是湖北以北，吴国的荆州是湖北以南，两军在襄阳界上对峙数年。

在这几年里，羊祜采用了怀柔政策，建立了几座城池，在开垦荒田、赋税上加以优惠，招来愿意迁入的吴国百姓。尽量不与吴国正面冲突，如果开战，也都恪守信义，不偷袭，不追迫。部队曾经在边界上抓到两个吴国将领的小孩，羊祜立刻放他们回吴国。还把战争中为吴殉国的将士厚葬，并允许其家人前来迎丧。征用了百姓的物资，必定足额偿还。在边境上打猎获得的禽兽，会平分给吴国军士。羊祜的名声远扬，吴人心悦诚服，都不直呼其名，而称呼他为"羊公"。对此，连敌军都督陆抗，也盛赞羊祜的德行度量"虽乐毅、诸葛孔明不能过也。"他也约束士卒，不再交战，仅仅各保分界，吴与晋国得以多年相安无事。

彼此心仪，羊陆二人渐生莫逆之感。陆抗有好酒，派人送给了羊祜，

将 进 酒

诸将虽然知道陆抗是名将之后，颇有气度，但毕竟是两军对战，送来的酒食实在不能轻率接受。但羊祜深知陆抗为人，毫不犹豫，当即痛饮。后来陆抗生病了，羊祜也派人送来汤药，旁人都劝谏说不可轻易服用。陆将军是朝廷柱石，一旦为人所害，则东吴不保。何况陆将军待羊祜以至诚，但羊祜未必待陆将军以真心。晋无日不想灭吴，羊祜为大将军，对他而言，国家利害恐怕远高于朋友之谊。但陆抗服用无疑，还说："羊叔岂鸩人者！"意思是："羊叔子（羊祜字叔子，古人称字表示尊重）哪会是下毒之人！"

吴主孙皓风闻边疆这种无战事的怪异，更不理解羊陆二人的交情，派人去斥责陆抗。孙权逼死了陆逊，现在孙皓又来逼陆抗。陆家一直掌握兵权，作为江东大族领袖，又与孙家多有婚姻关系，何况孙皓昏庸，实在不值得遵命而误国，于是陆抗上书说："一乡一县，都不可无信义，何况是大国。我这样做，只是为了彰显吴国信义尚存而已。"孙皓无言以对。

历史总是在扑朔迷离中走向一个出人预料的结果。羊祜去世前，推荐了杜预接任，并推荐了王濬大治水军。而陆抗去世前，上书吴主，务必提防敌国"泛舟顺流"。但孙皓照例没有采纳。陆抗死后五年，杜预和王濬率军沿江而下，灭了吴国，这与陆抗所担忧的如出一辙。羊陆之间，真可谓知己知彼。

羊祜与陆抗，虽然政见不同、立场不同，但彼此可以推心置腹、把酒言欢。这场酒局的难得之处在于双方都气度宽宏、彼此信任。这种信任，超越了立场与身份，超越了战争与国家。

第五十六局：以茶代酒

主饮：韦曜；主陪：孙皓；主宾：诸大臣；地点：吴宫

茶的历史与酒一样久远。第一部有关茶的专著，是陆羽的《茶经》。里面说茶是"南方嘉木"，在三峡有合抱的茶树，"树如瓜芦，叶如栀子，花如白蔷薇，实如栟榈，蒂如丁香，根如胡桃"。他认为这是茶的源头，其实，这是巴蜀之地的绿茶。此外，还有红茶、黑茶、黄茶共六大类。

茶，曾经叫荼，又叫槚、蔎、茗、荈。《茶经》记载，采茶尊特定的时令，用专门的器具，守规范的程序，煮水三沸即可，饮用有讲究但不甚严格，不同于当下那套繁文缛节的茶道流程。

陆羽说饮茶始于神农氏。据鲍思陶先生考证，此说不确，《诗经》里提到的荼，并不是茶，直到西汉，从王褒《僮约》里"烹茶尽具、武阳买茶"的记载，才知道饮茶初成风尚。

这风尚一旦形成，就势不可挡。西晋杜育《荈赋》记载，当时已经开始注重茶的产地（灵山惟岳）以及烹煮的用水（水则岷江之注）和器具（器择陶简）；同时茶成为贡品（南朝宋山谦《吴兴记》记"出御荈"）；到了唐代，风行于世，成为朝野日常之用。诗僧皎然《饮茶歌》云："一饮涤昏寐……再饮清我神……三饮便得道"，茶与道、与禅、与修身养性

123

将　进　酒

结合无间；文艺皇帝宋徽宗还亲自撰写《茶论》，宋代已经是"采择之精、制作之工、品第之胜、烹点之妙，莫不盛造其极"！至此，茶道终于成为我国独特的文化。

胡山源先生曾著《古今茶事》一书，叙述历史饮茶源流故事，蔚为大观。

茶淡酒浓，茶清酒烈，茶韵长而酒气促。茶与酒标格各异，似乎很难同存。然而，以茶代酒的礼仪亦存在，它出现在三国末期。

孙皓是江东吴大帝孙权之孙，王位却是捡来的。上代景皇帝驾崩前，将太子托孤给大臣，但太子太小，在虎狼环伺的战乱之际，有人想到了从旁系子孙中找一位年富力强的当政，结果就选中了孙皓。在那个没有选举制度的年代，出身决定了一切。

这位皇太孙继位后，首先逼死了上代皇后，又或驱或杀景皇帝四个儿子，接着杀大臣。他性情暴烈，最喜欢剥人皮、砍人足、凿人眼，朝野上下，无不畏惧。

孙皓又喜欢暴饮，还要求大臣作陪，经常通宵达旦。座中人无论酒量深浅，全部以七升为限，喝不了就灌，这种野蛮喝法古今罕见。大臣韦曜文史精通，秉性耿介，但酒量极小。孙皇帝虽然昏庸，偶尔也知道爱惜大臣，每次轮到韦曜时，就常常允许减免，并且"密赐茶苑以代酒"（"以茶代酒"即本于此）。

孙皓还有个坏习惯：酒品不高，喝多了就让侍卫为难大臣，让大家互相嘲弄和揭发，说白了就是看大家的笑话。不互相揭发嘲弄，孙皓就觉得不尽兴、不满意，但偶尔不慎冒犯到孙皓，他又立马变脸，当场把人抓起来，甚至有杀掉的。所以大臣们陪孙皓喝酒，就跟待罪一样，人人自危。韦曜是正派人，附和不了这一套，最多拿点古书为难一下同僚。孙皓越来越觉得他在敷衍自己，韦曜渐渐失宠。加之之前，孙皓想让韦曜给自己父亲作"本纪"，韦曜坚持原则，认为他父亲并不是皇帝，只能做"传"，而不能使用皇帝专用的"本纪"，孙皓对此颇有怨言，现在又觉得韦曜喝酒

第五十六局：以茶代酒

也无趣得紧，就把他下了大牢。

年近七十的韦曜在牢里痛定思痛，上书悔改求情。但孙皓毫不顾念旧情，反而追责反问这封信如此脏，是否对自己大不敬？韦曜解释说，因为是在大牢里写成，天寒体颤，下笔难免有污点，自己现在立马追加扣头五百下，两只手互相责打表示谢罪。但恩义已绝，孙皓无事生非而已，哪里听得进去他的自辩，依旧将曾经的爱卿杀头了事。

上下尊卑之间，并不因为酒精作用而失去秩序。以茶代酒的友谊难以平等，亦难以持久。

125

第五十七局：青衣行酒

主饮：晋怀帝；主宾：刘聪；主陪：王武子；地点：赵殿

亡国之君，是世界上最悲惨的一类人，他们有一些共性，在位时压力大，落难时反差大，不仅有辱祖先，还会遗羞后世。

晋怀帝司马炽，是晋武帝第二十五个儿子，资质平庸，在京中任一个小小的散骑常侍。"八王之乱"时明哲保身，结果丢了乌纱帽。后来权力更迭，阴差阳错，各方都拿他做一枚棋子，改任校尉、将军、"皇太弟"。皇兄不幸被人毒死，这位毫无准备的皇太弟就坐了龙庭。

刘聪是匈奴人，但汉化得很彻底，不仅文韬武略，而且诗词歌赋无一不精。原先在晋朝任职，后来回到匈奴部，与父亲兴兵作乱，灭了西晋，建立大赵政权，史称"前赵"。他最早实施"一国两制"，设立了匈奴和汉族两套管理机制，互相补充，也互相制约。

王武子是西晋重臣，有逸才（成语"恂恂济济"，表示人才聚集。其中一个济字，就是指的王武子，名济），风姿英爽，文采过人，但所干的事让人瞠目结舌。他生性骄奢，买了地来做马厩，在里面堆满了钱，称为"金沟"。更有甚者，晋武帝到他家做客，他用琉璃蒸乳猪进献，味道很美，武帝问是怎么做出来的。他回答说：这是用人乳蒸的。武帝极度反

第五十七局：青衣行酒

感，拂袖而去。

这三个人第一次聚在一起时，晋怀帝还是豫章王，没有在京任职，王武子带着刘聪去拜访他。后来刘聪灭晋捉住了晋怀帝，刘聪还对那次见面记忆犹新。他问："当时王武子把我介绍给你，你对我说久仰大名，并且拿出新写的歌词给我们看，对我说，听说您也擅长词赋，也试着看看吧。我和王武子都写了一篇歌颂的文章，你称赞了很久。又和我一起射箭，我射中十二次，你和王武子都射中九次。于是你还赠送我弓和箭，你还记得这件事吗？"怀帝说："罪臣我哪里敢忘记，只恨当时不知道您有今日。"刘聪很是得意地说："你们家骨肉相残也太过了。"怀帝感慨而又恭维道："不是这样，您哪里能得到天下呢？"

两个人的叙旧到此结束。两国相争，本就没有什么温情可言。为了挫败晋朝士气，在一次大宴宾客时，刘聪逼令晋怀帝穿上厮仆所穿的青衣，到座前来，给各位来宾一一斟酒。这一幕让晋朝降官痛断肝肠，有人抑制不住放声大哭。刘聪觉得司马炽尚得人心，于是送毒酒赐死了他。

青衣行酒，一直是汉族历史上的奇耻大辱，后世只有靖康耻差可相比。在这一场酒局里，我们见识了命运的无常。几年前一个是偏安王侯，一个是座中贵客；后来一个稀里糊涂当上了皇帝，一个开疆拓土当上了国王；如今一个是殿上君主，一个是阶下囚徒。一斟一饮之间，真是造化弄人。

第五十八局：天王父子

主饮：石虎；主陪：石宣；主宾：石韬；地点：邺城

《邺中记》里说石虎做天王还没有称帝时，喜欢戴通天冠，佩玉玺，大宴宾客。殿上立一百二十支铁灯，有三十支乐队，上千宫人陪坐，数百歌姬表演。有人跟皇帝石勒告状，说石虎在东宫宴饮，轻视太子，今后势必成为祸患。但石勒很喜欢这个侄儿，这话如同马耳东风，根本没有听进去。

石勒死后，太子石弘吓坏了，想让位保命。石虎还需要这个幌子，先是推辞："我哪敢呢！"后来生气了，说："你如果不行，自然会有替代的，用不着这么早作准备。"过了段时间，石弘亲自带着印玺上门，又被石虎臭骂一顿，回去后跟母亲抱头痛哭。石虎看到皇帝已经完全没有抵抗力了，马上派人过来废掉了他，自己做了后赵第三位皇帝。

石虎喜欢女人，曾公然掳走民间美女九千多人，导致三千多人自杀。他又喜欢男宠郑樱桃，为他杀了两位正妻。他还喜欢营建、田猎和打仗，导致物价飞涨，民不聊生。他还到处挖墓，取走殉葬品，附近的帝王陵绝无幸存，甚至挖到了秦始皇陵，可能工程浩大草草收手，只盗走秦陵的一些铜柱。

他的儿子石邃更有过之，《晋书》说他晚上跑到大臣家里荒淫；将漂亮

第五十八局：天王父子

的宫女梳妆打扮好，砍掉头，洗干净放在盘子里传给大家看；跟漂亮的尼姑当众交媾然后杀死，然后跟牛羊肉一起煮熟，摆上酒宴，让大家一起吃掉。

石邃向父亲奏事，经常遇上石虎"荒耽内游"，骂他这样的小事别来烦我，过一阵子又骂他这样的大事居然不汇报，为此经常挨打。石邃怀恨在心，想杀石虎，一直没有机会。有一次喝多了，迁怒于弟弟石宣，要去杀他，半路上随从都逃跑了，自己也只好装醉回来。他母亲派人去教训他，他将来人一刀杀死。父亲觉得儿子脑子有病，也派自己信任的女官去探望，也被石邃一剑刺伤。石虎气昏了，把他拘了一段时间，放出来后石邃既不拜谢也无愧疚，扬长而去。石虎怒不可遏，当晚就把他全家二十六口杀光，留了个独孙封为天王皇太子。

石宣接替哥哥做了太子，本性与父兄毫无二致，他在隆冬大兴土木，冻死数万人。经常带着几十万人大肆出游，地方常常供应不足。另一个弟弟石韬也不是善类，兄弟二人一直较劲。石韬修了一座"宣光殿"，石宣觉得触了自己名讳，闯进来杀了工匠，砍断了大梁，石韬赌气修了座更大的宣光殿。

一天晚上，天上的云彩黑黄相间，又杂有鱼鳞一样的白云。石韬和属下饮酒奏乐，他懂得一点天文，认为这样的天相有刺杀的征兆。他流泪长叹说："人生在世，生死无常，分别容易欢会很难，今天大家每个人都要为我畅饮，一定要喝醉，下次还有没有机会喝酒已经很难说了。"下属也都理解他的处境和心情，唏嘘陪饮。当天晚上石韬就被刺客杀了。

石虎闻讯又急又怒，昏死过去，石宣假意来吊丧，毫无悲戚，哈哈大笑扬长而去。石虎叫人捉住石宣，用铁链穿过他的两颊，锁在木槽里，让石韬的两个亲信动手，活生生拔光石宣的头发，又拔掉他的舌头，"断其手足，斫眼溃腹"，最后烧死。

石虎所憧憬的称帝霸业，带来的是父子相残，手足相攻。历史上残暴的君王、类似这样荒诞的事迹并不少见。人性之恶在战乱和权力的驱使下，会越走越远，直到迷失了自我。

第五十九局：劝酒杀人

主饮：王敦；主陪：王导，石崇；主宾：劝酒美人；地点：石宅

有晋一代，最讲究门阀，出身可以世袭。石崇小时候并不得宠，父亲去世时，唯独没有给他分任何财产。母亲求情时，父亲说，这孩子靠自己也能发财。石崇倚靠父亲的余荫一路仕途颇顺，当上了荆州刺史。他的确另有一门发财手段，那就是抢劫。

石大官人从此富可敌国，他造了一个园子，即著名的"金谷园"，纠集了当时著名的文人骚客在此雅聚。这里面有千古第一帅哥潘安，有文章宗伯陆机陆云兄弟，有造洛阳纸贵的词赋大家左思，甚至有后来闻鸡起舞北伐立功的大英雄刘琨。名为雅聚，实则吟诗作赋，拍权臣贾谧的马屁，每逢贾谧出门，石崇都望尘匍匐而拜，实属卑佞。

石崇很喜欢请客吃饭，他宴客的规格很高，当然，来的客人也非富即贵。

有一次丞相王导和大将军王敦一起来拜访石崇。王敦跟石崇之间，总有些别扭，两人曾经一起去太学游玩，看到颜回、原宪（孔门弟子里最清贫）两个人的画像，石崇说：我如果也在孔夫子门下，应该和这些贤人没什么区别罢？王敦取笑说：跟别人比我不知道，子贡倒是跟你有点像（孔

第五十九局：劝酒杀人

门弟子中最发财）。石崇很不高兴地说："做人就应该荣华富贵又名声显赫，何必拿这些穷鬼来跟我比。"石崇生活豪奢，连厕所都置粉调香，站着十多个侍女，穿着华贵的衣服，客人来上厕所，她们会递上手巾、香料，等客人完毕，还会送上一套新衣服。很多客人都局促不敢在他家上厕所，唯独这位王敦，神色傲然地接受。侍女们都偷笑说，这位客人今后一定是个大盗，玩笑不幸应验，王大将军最后果然造反。

大凡富到一定程度的人，就喜欢展示自己与众不同，大凡贵到一定程度的人，亦如是。

当时贵族们对吃饭一节尤其讲究。太傅何曾日食万钱，还说没处下筷子，他的儿子更上层楼，日食两万钱。他们以此为荣，互相攀比。石崇的酒宴一向以富丽和香艳出名。"丝竹尽当时之选，庖膳穷水陆之珍"：奏乐的歌姬是当时最美并且技艺最高的，厨下都是山珍海味。他还让这些美艳的歌姬给贵客斟酒，不尽兴，不喝的，不从客人身上找原因，而是直接把劝酒的美人杀掉。理由是她们要么容貌不对路，要么服务不到位，客人不满意，就杀了罢。

这一招可不得了，官员们稍微有点人性的，无不被裹挟接受他的"性贿赂"。

丞相酒量虽然小，但怜惜美人，杯到必干。大将军就不一样了，任谁来劝酒，就是不喝。石崇挂不住面子，当场换了三拨，杀了三人。王导本来也是治世能臣、朝中砥柱，但面对这个豪强的哥哥，一点办法都没有，他只能暗地责备大将军没有人性，王敦冷漠地说："他杀他家的人，关你屁事。"

石崇豪奢，王导懦弱，王敦冷酷，想来这酒局无趣之极。

酒局中有主饮，有陪饮。陪酒侍宴之人往来周旋，偶有难堪小失，能宽容待之者为长者。逞财使气，刻意为难者，不能显示其强权，恰恰显示其庸鄙。

第六十局：绿珠坠楼

主饮：绿珠；主陪：石崇；主宾：孙秀；地点：绿珠楼

物欲横流的两晋时期，石崇的豪奢在里面算得上数一数二。

石崇与王恺斗富的故事，至今被人津津乐道。王恺用饴糖和饭擦锅，石崇就用蜡烧火。贵族出行，为示尊贵，也为了遮蔽内眷，往往在大路上设置"步障"，不让人看，王恺曾经一口气设了四十里的紫色丝绸做步障，石崇就用锦绣设五十里，花团锦簇，绵绵不绝。王恺用赤石脂涂房屋，石崇就用花椒（当时花椒未广泛种植，极为珍贵。汉成帝用花椒为赵飞燕涂四壁，为有芳香，并且温暖，以"椒房"为后妃之室从此得名）。连一同出游，王恺的牛车都跑不过石崇的车。

外甥晋武帝实在看不下去了，暗中从国库中调了一只两尺高的珊瑚树给王恺。王恺得意洋洋地拿给石崇看，石崇随手就砸了这件御宝。王恺既惋惜，又愤怒，就要发火，石崇笑着说，没什么，我赔给你。随即让人搬出来六七株更大更精美的珊瑚树，王恺怅然若失。

除了聚集财富，石崇对挑选美人更有心得，就像如今富豪征婚的选美一样严格。清人袁枚说"选诗如选色，总觉动心难"，石崇选秀颇具特点。他有美姬千人，每人都带着金钗玉佩，走起来钗佩声小的，就受宠，因为

第六十局：绿珠坠楼

行走有模有样。叮叮当当响个不停的，就要重新接受礼仪训练。他又别出心裁，在象牙床上撒上沉香屑，让美人们在上面走，足印浅说明体型苗条，便大加赏赐，足印深说明体态失控，便行摈弃。这比起后来的南朝昏君萧宝卷用黄金打造金莲花给潘美人踩，号为"步步生莲花"的荒唐靡费不遑多让。

石崇最宠爱的美人叫做绿珠，是他用十斛珍珠买来的。西晋是乱世，"城头变幻大王旗"，靠山贾谧倒了台，石崇也只好归隐在金谷园里做自己的富家翁。但乱世的富翁做着不易，惦记的人多了去，政敌孙秀第一个来向他讨要绿珠。石崇忘了富不敌贵，下野不敌当权的旧训，坚辞不允。孙秀大怒，命人上门抓人。

石崇和绿珠正在高楼上饮酒作乐。石崇闻讯，垂头丧气地对绿珠说："我本来没罪，因为你，才获罪的啊。"绿珠哭着说："那我只能以死相报。"于是跳下高楼，石崇随即被杀。

《红楼梦》里，林黛玉的"五美吟"诗中记载过这个故事，她感慨"瓦砾明珠一例抛"，其实瓦砾一样的女子或是明珠一样的女子，在男权的世界里，留存还是抛弃，都身不由己。她感慨"更有同归慰寂寥"，其实绿珠的归去，出于无奈，石崇之死，恐怕没有半分"同归"的情愿。

绿珠死于女性作为商品而无从自主的时代，死于石崇的一句怨言。她本可以投向另一种锦衣玉食的生活，但她用自己的生命，偿还了一个男人对她的恩宠。猜想她跳下高楼的一刻，是坚定而绝望的一刻，也是一生中最自由的一刻。

如果有一个人不计较你的身份，甚至不计较你的品行，在你得意的时候同欢愉，在你失意的时候患难与共，生死相随，那将是一种多么沉重的幸运。如果没有，勿强求；如果有，请珍惜。

第六十一局：新亭对泣

主饮：王导；主陪：周颛；主宾：祖逖、谢安等；地点：新亭

西晋末年，中原经过八王之乱和永嘉之祸，北方士家大族纷纷被迫举家南迁，偏安于江南一隅。他们心怀故国。每逢闲暇，名士高门定期聚众举办酒会，清谈阔论，尽兴而归，形成了一个极其风雅的传统。

有一次在新亭饮宴，周颛叹道："风景不殊，举目有江河之异。（风景倒没有变化，只是国家更迭了）"在座众人各有切身之感，悲从中来，纷纷落泪，情绪十分低落。

周颛是典型的纨绔子弟，有名望有逸才但无能力，常年酗酒，屡被弹劾，做官人称"三日仆射"，没有一天不喝醉的。带兵打仗从无胜绩，但喝酒自称从无敌手，曾活活将一位陪客喝死掉。看到周公子又在空发感慨，王导（王羲之叔父）勃然变色，起身厉声说："当共戮力王室，克服神州，何至做楚囚相对泣邪（咱们应该一起努力为国，收复失地，哪能像关在牢中的楚囚光知道流眼泪呢）！"

新亭酒局，王导打消了众人的萎靡颓废之态。之后，一批有志向的江左大族重新聚集起来，为恢复故国和稳定新朝积极入世，其中最著名的是祖逖和谢安。

祖逖略长于王导，虽然也算北方旧族，但毕竟不似王周诸家显赫。他年轻时心存高远，半夜时分，听到鸡叫，就跟朋友起床锻炼（闻鸡起舞）。流落到南方后，一直立志北伐。当时东晋偏安，内政不稳，更谈不上图谋恢复，祖逖游说晋元帝，元帝心不在焉，给了他一点粮，一点布，武器也不发放，让他自行招募。祖逖带上旧部、族人，渡长江时，敲着船桨（成语"中流击楫"出于此），发誓说：如果我不能收复山河，就像这江水一去不返。祖逖在江北招募到了两千人，所向披靡，收复了黄河以南大片失地。本想再渡过黄河继续向北，但不幸病死，功亏一篑。

谢安比王导小很多岁，未必能参加新亭之会。但王谢两族世通婚姻，后人有"昔时王谢堂前燕，飞入寻常百姓家"的感慨。无疑新亭之会的振作之风和王导的举止态度，影响到了谢氏一族。谢安是"江东第一风流宰相"，不得志时隐居在东山，经常去新亭盘桓，不久后出任权臣桓温的司马（成语"东山再起"出于此），当时他从新亭出发，沿途百姓都来相送。再次到新亭，是简文帝刚驾崩后，桓温趁机入京，想除掉朝中大臣，再行废立。那时候谢安已经离开桓温回到朝廷任职多年，和王坦之成为当朝砥柱和群臣领袖。桓温设宴邀请两位在新亭小聚，想观察朝臣的动向，作为自己进退的参考。

晋室存亡在此一会。王坦之战战兢兢汗流浃背，而谢安从容不迫，对答如流。桓温折服于谢安的气度，最终放弃了谋篡之心。桓温死后，谢安任宰相，在淝水指挥若定，以谢王两家子弟为领军主力，打败了前来进犯的苻坚所帅数十万大军。晋在这些高门大族的力量之下，又维系了许多年。

酒，能使人沉沦，亦能使人振奋。壮志未酬的酒徒，让人不敢小觑。

第六十二局：永和九年

　　主饮：王羲之；主陪：谢安，孙绰；主宾：东晋名士；地点：会稽山兰亭

　　永和九年，是历史上一个普普通通的年份，这一年中并无大事可叙。虽然北方不甚太平：短命的草头晋王登基被灭；幽燕与凉州内乱；西北三危山之中莫高窟开始营建。但这些景象每年都有，不足为奇。趁机北伐的殷浩大败而归，亦对已经偏安近四十年、国力渐强、偶尔北伐以示存在的东晋而言，无伤元气。

　　永和九年，东晋右将军王羲之已经五十一岁。暮春三月，王羲之与后来在淝水以八万晋兵大败前秦百万雄师的一代名相谢安（王谢两家是东晋大族，"旧时王谢堂前燕、飞入寻常百姓家"即言两族当日权势之盛。后来谢安的侄女，有咏絮之才的谢道韫，嫁给了王羲之的儿子王凝之。但谢才女并不以丈夫为荣，相反还有些看不起他，更喜欢小叔子王献之）、文采卓绝写墓志铭的老祖宗孙绰等四十余人，在兰亭集会。延绵无尽的会稽山，有茂林修竹，有清流激湍，兰亭便坐落在山北。

　　他们坐在兰亭前后，"曲水流觞"，将酒杯放置在流水中，流到谁的身边，便由谁一饮而尽。这是一种非常古老的仪式，又是一场非常典雅的酒

局。大家在松风泉响之间吟咏唱和以佐酒兴。书圣王羲之提笔记下这场盛会，这就是天下第一行书——《兰亭集序》。

《兰亭集序》于斯时斯地斯朋斯会横空出世，文字清灵深邃，书法内健外逸。王羲之超拔清旷的胸襟、对天人一体的关怀都形诸纸上。"因寄所托，放浪形骸。"后世书家从不吝溢美之词："点画秀美，行气流畅"、"清风出袖，明月入怀"、"飘若浮云，矫若惊龙"。

这是永和九年会稽山阴兰亭之畔，曲水流觞的酒局所留给历史的旷世瑰宝。

后来唐太宗醉心书法，不惜重金求购王羲之的真迹。据《隋唐嘉话》记载，当时《兰亭序》真迹在一个叫辩才的老僧手里，太宗让萧翼去想办法求来。《太平广记》中，这个故事就曲折而悲怆：太宗多次召见年近八旬的辩才，希望他进献，这位老僧始终不肯。于是萧翼扮作潦倒的书生，投宿在寺里，因为满腹经纶，骗取了老僧的信任，订为知己。萧翼书法见识非凡，终于引逗老僧展出了《兰亭集序》。随后萧翼盗取，献给太宗，老僧辩才郁怒而终。

我们现在所见的《兰亭集序》，多是太宗时期让名家临摹的。太宗死后，以《兰亭集序》为殉葬。这是它最后见于历史的记载。五代时军阀温韬曾开掘唐太宗的昭陵，将里面的宝物一扫而空，但《兰亭集序》不见踪影。

"永和九年，岁在癸丑，暮春之初……"

当蒙童们持书背诵或者临摹《兰亭集序》的时候，他们未必明白修禊事也究为何事？死生为虚诞究为何感？但我们深知，中国书法文化的血脉从永和九年一直延续至今，没有断绝过。我们也从"引以为流觞曲水，列坐其次。虽无丝竹管弦之盛，一觞一咏，亦足以畅叙幽情……"的章句里，看到两晋衣冠，风流人物，确乎已经远去了。

第六十三局：杀牛还誓

主饮：王敬则；主陪：诸盗；主宾：诸民；地点：山庙

王敬则出生在南朝，当时的南朝偏而不安，时局动荡，小贼偷窃，大盗打家劫舍，野心家攻城掠地。兵匪并起，人民苦不堪言。

有一部劫匪，因为贫困或者别的原因，四处抢劫。官兵来捉拿时，他们又如风消云散一般逃入山中。王敬则率领大兵扫荡蟊贼，经久无功。于是他写信给劫匪头目，告诉他们，只要投降，一律宽大处理。劫匪们不肯相信，王敬则跑到山下的神庙中，对着神庙起誓，说绝对不会违背今日的诺言。

当时的中国大地，教育与迷信交替统治人民。有条件的地方施行教化，没有条件的地方，则以迷信的方法，限制人的道德底线。在广大的农村、城市，迷信有着不可思议的力量。它给正直的人勇气，给无私的人信心，给恶人以约束，给善人以希望。偏偏这座神庙中供奉的神灵极为著名，经过无数耳闻或目睹的神迹，神庙的有祷必应人所共知。王敬则既然许下了诺言，劫匪的头目们也就欣然下山。他们在山神庙中置酒欢会。酒筵中，王敬则突然变脸，把匪首全部抓起来，说："在发誓不杀你们之前，我还发了个誓。如果我违背了这个誓言，就拿十头牛献给山神。今天非杀

第六十三局：杀牛还誓

你们不可。"于是让人牵出十头牛来，当场把十头牛和众匪全部杀掉。

王敬则自小便生活在善意谎言编织的迷梦里。他出生时胎盘呈现怪异的紫色，在众人以为有病变或灾异的怀疑声里，他那具有女巫身份的母亲宣布这是大吉大贵的象征。后来他的身体发生了病变，并且经常做怪梦。曾经睡在草丛中，被飞鸟啄食，流血不止。但一个道士告诉他，这是封侯的征兆。这些谎言之后还伴随着他入京和进爵大司马。

这一场酒局，在历史中，实不过一个略具趣味的插曲，王敬则虽为一朝重臣，亦只是粗鄙狡黠、微不足道的人物。但这一事件背后关乎的乃是中国传统伦理价值的重大冲突。

《左传》里说："信，国之宝也。"孔子也说："人而无信，不知其可也。"信从此与仁、义、礼、智成为儒家五种最基础的道德要求之一。《说文解字》解释：信，就是诚。忠于自己的承诺并竭尽所能去践行之。东汉刘宠过江时，向江里丢一文钱的渡河费。春秋季札出使，路过徐国，徐君喜欢他的宝剑，但因为使节身份，不便赠与。出使回来，徐君已死，季札便把宝剑挂在徐君的坟头：这都是传统中不失信于人的典范。

但倡导信的儒门子夏也说"大德不逾闲，小德出入可也"。春秋以后，诈变权宜之术盛行，利益诉求渐渐向内心侵蚀。"能断大事，不拘小节"成了冠冕堂皇的理由。实际上，变通比坚守更为多而滥，充斥在历史的每一个角落。

也许在王敬则心里，出于礼遇对等原则，他用不着对草寇讲信誉。何况，救民于倒悬的意义更大于迂阔地信守承诺。他虽然不失为"能吏"的称誉，但终究是实用主义对理想主义的胜利。这是一朵价值体系混乱的土壤下生长出来的"恶之花"，也是几千年来儒家们所面临的尴尬。

理想的长堤，终无能力可以抵挡肆意奔流的本性之波。

第六十四局：洒脱临死

主饮：王景文；主陪：棋客；主宾：宋明帝；地点：王宅

宋明帝是南朝宋国的皇帝，名叫刘彧。虽然谥号是"明"，其实一点也不明。他身体胖大，曾被自己的子侄刘子业称作"猪王"，关在笼子里喂猪食，当作猪来虐待。宋国历代君王都有点精神分裂症。废帝刘子业有嫔妃上万人，不仅纳亲姑妈为妃，还常常在殿里开"无遮大会"，聚众淫乱。这一点也有遗传，他的父亲刘骏就曾经和祖母路惠男传出过乱伦的丑闻，这是历史上唯一一个被史书记录在案的乱伦皇帝。刘子业担心帝位不稳，杀光了能臣和亲属，一念之仁，没有杀叔叔刘彧。刘彧与人合谋，反过来杀了侄子，是为明帝。

明帝有一定的才华，没有登基时勤奋好学，亲自无代笔地写过学术文章《江左以来文章志》和《论语》注疏。登基后马上患上了贪淫好杀的家庭遗传，一口气杀了二十八个侄子，再杀光自己的兄弟辈，然后也搞宫廷裸体秀，花销太大，连国库都挪用干净了。因为荒淫过度，一直没有儿子，明帝居然想出了"借种"的点子，把自己的宠妃借给佞臣李道儿，果然生下了太子刘昱。连毛泽东都认为，刘彧称帝真是荒谬绝伦千古少有（"可谓奇矣"）。

第六十四局：洒脱临死

明帝的皇后王贞凤是王景文的胞妹。在这样一个昏君身边，兄妹二人都可谓举步维艰。但王景文人很聪明，擅长处理君臣关系。他曾经陪先帝宋文帝一起钓鱼，文帝技术不高，一直没有钓到。大家都尴尬无比的时候，王景文从容地说："陛下为人清正，所以这种贪图口食的鱼不敢靠近。"为文帝蹩脚的技术做了一个很好的掩饰。文帝很开心，不仅让儿子刘彧娶了王景文的妹妹，还让刘彧用王景文的名字为名。王景文原来叫王彧，所以明帝就叫刘彧了。这本是一件殊荣，但因为我们几千年的避讳习惯，搞的王景文不能再叫大名王彧，只能叫自己的字：景文。因为是皇亲国戚，王景文常常被委以重任，明帝曾亲笔表扬他有才干。

明帝老年时，想为自己的儿子除掉位高权重的大臣。于是编造了一个谣言，说姓王和姓张的两个人有谋逆之事。王景文惶恐之下，请求辞官。此时明帝病入膏肓，想到自己死后，皇后必定临朝主政，王景文自然而然会成为宰相，王家是大族，王景文又是名正言顺的国舅爷，功高震主。于是在新春赐下毒酒，并说："我并不认为你有罪，但我不想一个人死，不如让你先死。"又写了一封信，大意是："我是为你考虑，你不肯死，我就灭你一门老小。"

毒酒送到的时候，已经是深夜。王景文正和客人下棋，就在座中看完明帝的手书，封好信函，放在棋局旁，神情丝毫不变。当时他正与对手打一个"劫"，深思片刻，才落子应着，这一局下了很久，终局了，王景文将棋子一一收起，放入棋笥，才缓缓地向对弈的客人说："刚刚奉旨赐死。"在大家惊愕的目光里，他写好回信，向使者拜谢明帝的圣意，端起酒杯来，对客人笑着说："这杯酒，就恕我不能相敬了。"于是饮酒而死。

这是一场看似洒脱的酒局。王景文早已厌倦了这种朝不保夕的生活，他已经年过六十，看惯了刘宋王朝的杀戮与阴忍。这一刻不是来早了，而是来晚了，以至于每一天都要忍受不可测的煎熬。他举起酒杯，与其说是临死前的澹然和镇定，不如说是生于乱世的无奈与悲哀。

第六十五局：父酒债子酒偿

主饮：司马消难；主陪：高季式，司马子如；主宾：孙搴；地点：高宅

高欢主政时期，一应公文都出自幕僚。幕僚是中国文化的传统，类似家臣但没有严格的从属依附关系。以往敌对双方，交战之前往往先以舆论压倒对方，这些文笔多出自幕僚，其中不乏文坛大手笔，很是可观。其中著名的如《为袁绍讨豫州文》、《与陈伯之书》、《讨武曌檄》、《答多尔衮书》一直到吴佩孚讨张作霖的檄文，都是慷慨陈词，读来意气风发。

孙搴就是高欢府中最为重要的"起稿人"。高欢为了让孙主编写好稿子，将他接入自己房里，亲自伺候。孙主编也不负众望，妙笔生花，完全符合高欢权臣身份，字里行间又表现出谦恭谨慎、虚怀若谷的高风亮节。高欢很倚重他，不仅给官爵，还给他谋了一门高门大户的亲事。

孙搴有个坏习惯，好酒。得到高欢的宠幸后，更加肆无忌惮。一天和高欢的两位重臣司马子如、高季式饮酒，喝得过量，酒精中毒而死。高欢大惊，亲自来吊唁。司马子如和高季式也吓坏了，磕头谢罪。死主编自然比不上活权贵，高欢倒是清醒得很，不慌不忙地说："这人可是我的左膀右臂，被你们掰断了，你们得找个替他的人。"司马子如推荐了魏收、高季式推荐了陈元康，都是才华出众之人，很快得到了高欢的赏识。

第六十五局：父酒债子酒偿

孙骞喝死了，司马子如老成稳重，不敢再频繁举行酒会，只剩下高季式一个人独酌无相亲。高季式军功卓著，高欢对高季式也特别优容。高季式与光州刺史李元忠关系极好，有一次自己在济州夜饮，想起这位好友，就让人借用传送朝廷公文的方式，给李元忠送去好酒一壶。这是很严重地借公权行私事，高欢知道高季式好酒好义，也就没有处罚他。

高季式的哥哥高慎叛变了高欢，高季式对高欢忠心耿耿，揭发了哥哥。但受到牵连，也被暂时解除了职务，赋闲在家。这样一来，平时朝中酒友更是人迹绝至。司马子如的儿子司马消难，如今是高欢的女婿，皇帝的近侍，无所避讳，一天退朝后，来找高季式喝酒。高季式正是寂寞消愁之际，看到司马消难自投罗网，真是喜从天降，吩咐把几重门全部锁上，车马藏起来，再不放手。喝了一天一夜之后，司马消难实在受不了了，哀求说："我现在任皇帝秘书，不能不去上朝。并且一夜没有回家了，父亲一定要生气。现在您勉强留我狂喝，我被罚是没什么话说了，只怕您也要担点罪名。"高季式一听，很生气："你口口声声说自己是天子侍臣，又说你爹怪你，这不是仗势欺负我吗？我死都不怕，难道怕这个傀儡皇帝，怕你爹吗？"司马消难一看他不吃这一套，只好磕头请求放行，高季式就是不肯。酒摆上来后，司马消难走不掉，索性闭上嘴就是不肯喝。高季式大笑，说："我留你陪我尽兴，你竟然不给我面子！"吩咐手下，拿绳子扣在司马消难脖子上，另一头扣在车轮上。自己脖子也扣在车轮上，再端起酒来请司马消难喝。司马消难识时务，知道不喝，这个浑人有可能把自己车裂了。只好赔着笑脸一饮而尽。就这样，又喝了一宿。

司马消难平白失踪了两天，家里朝里都乱成一团。等他出来后，大家才知道怎么回事。高洋在京，正要安抚二人，就请傀儡皇帝赐给司马消难美酒佳肴，暗示他要喝酒自己在家喝，不要没事去惹高季式。同时命令，朝中原来和高季式关系好的，不要因为高慎的原因疏远了他，都要去高府，陪他好好喝酒。

将 进 酒

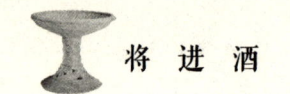

没有朋友的独酌极其难受。但如果是高季式这样的酒友，宁可独酌也就罢了。酒中以权势压人，以交谊逼人，以富贵诱人者，皆是下等酒徒。

第六十六局：将门酒徒

主饮：陈暄；主陪：陈庆之；主宾：陈秀；地点：无

论起历史上的名将多如星辰，但像孙膑、吴起、廉颇、白起这个等级的并不多。民间演义的排行榜里面，多半还会加入岳飞，甚至吕布、关羽。有一人，曾经"气吞万里如虎"，虽声明不显，但读其传记后让毛泽东也"为之神往"，他就是南北朝时期的战神陈庆之。

陈庆之是梁武帝的棋友，后来在北方转战沙场，率数千人击败二万人、七万人、十余万人，直至四十万人。虽然记载不一定完全可信，但敌人无论多么强大，阵营多么坚固，在他面前，无不是"一触即溃"。他在一百四十天内拿下三十二座城池，四十七场战役全胜，"所向无前"。陈庆之在战场上始终穿着一袭白衣，所以北军里流传着"名军大将莫自牢，千军万马避白袍"的歌谣。北魏结集了"百万大军"来围剿陈庆之，却被陈庆之创下了三日连胜十一场的记录。最终陈庆之全军覆没，遁入空门，逃回南朝。但接下来他又打败了比坑赵兵四十万人的白起还要可怕的"屠夫"侯景。因为这样的丰功伟绩，梁武帝赞扬他"深思奇略"、"扬声名于竹帛"。

但我们想不到的是，陈庆之出身寒门，甚至自己并不擅长弓马，血

将 进 酒

勇、智谋成就了他的传奇。

陈庆之死后,家族里出现了一段著名的叔侄问答。陈庆之最小的弟弟陈暄,文采俊逸,但是嗜酒如命,毫无节操,常常言行放荡,得罪公卿。陈庆之兄长之子陈秀觉得有辱家门,但毕竟是自己叔父,不便斥责,于是写信给朋友,希望能劝谏陈暄。陈暄知道后,写了一封信给侄子陈秀。他说:

"吾好此五十余年","老而弥笃"。当年竹林酒徒们风流不远,你难道不钦佩吗?我"寂寞当世,朽病残年",不每天喝点好酒,又能干什么呢?周顗做吏部尚书,终日醉酒不醒,经常一醉数日,被人称为"三日仆射";大学问家郑玄一天要饮三百杯,并不妨碍他日后成为一代宗师。我并不觉得他们酗酒就一定是好或者是坏,饮酒从来都是有得有失。能够韬光养晦,避祸保身,就是好处。如果狂悖无礼,借酒装疯,就是坏处。所以我常说,酒就像水一样,"可以济舟,可以覆舟"(比唐魏征早用数百年)。何况古人云:"酒犹兵也,兵可千日而不用,不可一日而不备。酒可千日而不饮,不可一饮而不醉。"可见这酒,是不可不备,不可不醉。我死后,只希望你们在墓碑上写"酒徒陈"就够了。

这是一篇绝妙的饮酒辞。尤其是酒兵的譬喻,有乃兄陈庆之千里纵横之风,快哉斯言。如果有凑趣的酒徒,彼此攀交,可以用陈暄的名言:"不求同日而醒,但求同日而醉。"这比起"不求同日生,但求同日死"的浮泛虚无来,要生动得多。在陈暄看来,醒是容易做得到的,而"其醉不可及也"。这是乱世中的"难得糊涂"和及时行乐。那位在洛阳当官,秋风起时,思念家乡的莼菜鲈鱼,于是挂冠而去的张翰,有人劝他,说你如此肆意放纵,难道不顾念自己的名声吗?张翰回答说:"身后的名声,还不如身前一杯酒。"张翰与陈暄,都因酒忘名,不愧是酒中隐士。

第六十七局：君臣对舞

主饮：侯景；主陪：梁武帝；主宾：简文帝；地点：西州行宫

侯景是历史上少见的屠城魔王，本为鲜卑人，出身卑微，乳名狗子，在南北朝的乱世中建功立业。他虽然投靠了高欢，但高欢建国后，颇为忌惮他。死之前告诉自己的儿子，一定要杀侯景。而侯景早已不甘屈于人下，放言说，决不与高澄这种二世祖共事。高澄以父亲的名义写了封信，召侯景回来，准备除掉他。信被侯景识破，马上反叛。帮助西魏打东魏。后来觉得西魏也靠不住，就投靠了南朝的梁武帝。

梁武帝当时已经八十多岁，是真正的"老佛爷"。他一生笃信佛教，为了帮助和尚敛财，连着四次主动跑去寺庙里当和尚。大臣们不得已，拿国库的钱去为他赎身，先后达到四亿钱之多！武帝晚年昏聩，自诩有一副菩萨心肠，力排众议，收纳了大魔王侯景，封他做大将军、河南王。侯景开始帮着梁朝打东魏。不久，梁与东魏议和，以战起家的侯景担心自己从此要受冷落，想用婚姻结交南朝权贵。但当时南朝门第氏族盛行，都觉得侯景配不上名门望族，侯景大怒，马上造梁武帝的反。双方在台城打拉锯战，都坚持不下去了，侯景提出与梁武帝议和，梁武帝其实略占优势，居然不计前嫌同意了。停战后侯景马上补充生力军继续攻城，台城失守。梁

将 进 酒

武帝感叹说:"梁朝自我所得,也自我手中失去,倒也无所遗憾。"侯景带着五百猛士去见垂死的梁武帝,寥寥数语对答,竟然让这位后来自封为"宇宙大将军"的侯景口不能言,汗流浃背。

饿死了梁武帝后,侯景立会写宫体诗的太子萧纲为简文帝。他请帝到西州赴宴,帝坐着简朴的车马,带着四百侍卫过来,侯景则带了数千兵马保护自己。简文帝听到丝竹奏起,无法不感伤,自己只是一个傀儡天子,面前的侯景,不仅屠灭了梁朝,还杀害了自己的父亲。他让侯景起舞助兴,侯景骄横,也请简文帝起舞助兴。虽然史书上用的"请"字,想来也和胁迫无异。简文帝不得已,只好下座和侯景君臣对舞。饮酒到很晚,简文帝带着醉意坐在椅子上,抱住侯景,说:"我心里念着侯丞相的好处。"侯景不无讥诮地回答:"您不想着我,我也到不了这一天啊。"

侯景想早登大位,便寻找借口废了简文帝。部下说最好是杀了简文帝,可以断绝天下复辟之心。于是让人带着酒去拜见废帝。使者说:"丞相想着陛下幽居在此,心中烦恼,所以献酒为您消愁。"废帝笑着说:"我已经禅让了,你们怎么还称呼我陛下呢?既然是来道贺的酒,我一定会喝完的。"废帝已经知道使者的来意,于是让人奏乐助兴,开怀痛饮。叹息说:"没有想到人生之乐能到这种地步!"大醉之后,使者用盛土的口袋压死了他。

侯景随即受禅让登基,部下要为他立祖先的祠堂,但侯景对家世全然不知,只记得父亲的名字,其余先人,由部下捏造姓名。登基后,只当了一年"太始"皇帝,次年,陈霸先、王僧辩带兵来攻,侯景一败涂地。这位混世魔王被人杀死,尸体被腌制起来,送到国都,任人分食。史书记载侯景身长腿短,宽额高颧,面红鬓疏,眼光闪烁,嗓音嘶哑,看相的人说,这是所谓的豺狼之相,所以会吃人,但终究也会被人吃。他死前,妻子就被高澄剥下面皮,下了油锅。女儿入宫为婢,儿子三岁以上的全部阉割。高洋即位后,索性把侯景在北魏的子女杀了个干净。

侯景之乱,让七十年平定安乐的江南千里荒烟,繁华一空,行人绝迹，再也没有了复兴的机会。

建康城瓦解，在逃荒的人群中，有一位辞赋大家庾信。他写下洋洋洒洒四千余字，是士子大夫国亡家破之后的血泪倾诉，也是中国韵文史上成就最高的典范华章，叫作《哀江南赋》。

第六十八局：素车相酹

主饮：宇文泰；主陪：史麻瑶；主宾：苏绰；地点：出殡之地

北周太祖宇文泰其实是受儿子所封，他是鲜卑人，生前是西魏王朝的开创者和实际执政者。宇文泰能够在与高欢、南朝、北方游牧民族的战乱中保有一方，苏绰之功最大。

现代流行的说法是苏绰讲权术学，最早提出用贪官反贪官。光明正大的治国之术，被杜撰成低俗厚黑学，实在低估了我们先人的品格和智慧。

苏绰生活极其简朴，当时天下未平，他就将平定天下当作己任。一个偶然的机会，宇文泰与苏绰君臣相遇：如同刘备和诸葛亮，苻坚和王猛的相遇。苏绰作为北朝第一流的治世能臣，让弱小的西魏逐渐强大，被继承后的北周，利用前朝的基础，灭南朝，统一为大隋。

苏绰给宇文泰六条建议。

第一：修身养德；第二：强化教育；第三：发展农耕生产；第四：选拔能人；第五：减轻刑罚；第六：均衡赋税。

在那个争夺地盘，强化军事，只顾当下的年代，这六条看似空泛的建议有着非凡的意义。它从急功近利、互相攻伐的思维中超脱出来，站在更高远的境界，进行国家治理的顶层设计。宇文泰非常欣赏，让所有的官员

第六十八局：素车相酹

必须能够背诵这六条建议。

苏绰要将北周打造成大隋王朝的前生，耗尽了心血，去世时年仅四十九岁。

宇文泰大为痛心，他召集群臣，说："苏绰谦虚恭谨，崇尚简约。我想成全他的这一志向，但实在不忍心，又怕别人不能理解。我如果加以厚葬，又和他的生平志向不符。到底是厚葬还是从简？这让我很为难。"尚书令史麻瑶回答："当时齐国的贤人晏子，一件狐裘大衣穿了三十年。死的时候全部家当只有一辆马车。齐王不加厚葬，而让晏子简朴勤政的美名传扬四海。苏绰操行清白，品德恭谦，您也应该一切从简，成全他的美名。"宇文泰很以为然，采纳了史麻瑶的建议。苏绰葬在故乡，用一辆粗布遮盖的简陋的车运送苏绰的棺椁。宇文泰带领群臣，步行送出城郭。宇文泰跟在车后，拿起酒杯，盛满酒，作了一段简短的吊唁致辞："苏绰生平事迹，他的妻子儿女兄弟不能全部了解，但我都历历在目、拳拳在心。我的心意，也只有苏绰理解。我们二人本来可以一起平定天下，但他却舍我而去了。"没有说完，就放声大哭，悲伤得连酒杯都握不住。下葬那一天，宇文泰又派使者赶到，献祭，并诵读他亲自写的祭文。

像这样死后备极哀荣的，是一百多年前的王猛。王猛年轻时家贫如洗，靠卖簸箕为生，后来成为"关中良相"、"功盖诸葛第一人"。王猛曾经在一代枭雄桓温面前捉着虱子，侃侃而言，桓温折服于他的见识气度，却未加重用。前秦发生了政治动荡，苻坚找到了王猛，得到其辅佐，顺利篡位。王猛也因为政绩卓著，国家大治，升任丞相。前秦本来是氐族建立的小国，在王猛的经营下，迅速强大，灭掉周边的一些国家，统一了北方。

王猛积劳成疾，苻坚亲自拜祭祈祷，并派侍臣在每一座名山大川都做法事为王猛祈福。看着不起效，苻坚又赦免全国的囚徒。王猛上书说："不要为自己卑微的生命而损耗天地的自然规律。"他是南方人，所以最后希望苻坚不要攻打南朝。王猛死后，全国野祭三日，苻坚多次在棺椁前痛

将 进 酒

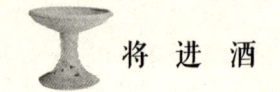

哭，按照汉代葬霍光的礼仪隆重安葬，追谥为"武侯"，和诸葛亮相同。

王猛不治家产，死前吩咐子孙耕田务农，这与诸葛亮死前表奏刘禅："成都有桑八百株，薄田十五顷，子孙衣食，自有余饶"的确相似！

无论是素车酹酒的苏绰，还是风光大葬的王猛，抑或是身后只剩下布幔竹席、小民罢市酹酒于江相送百余里、被追封太子少保的海瑞，彰显出代表着"士"这一中国知识分子"达者兼济天下，穷则独善其身"这一传统流传不绝。

第六十九局：樽前说孝

主饮：长孙澄；主陪：宇文泰；主宾：西魏文帝；地点：宫中

拓跋氏所建立的强大的北魏经历了十七个皇帝，一百五十年。中间又分裂为东魏西魏，实际都是权臣掌国。西魏开国皇帝是文帝元宝炬，他是在宇文泰毒杀了北魏（联盟）最后一任皇帝之后，被扶起来的傀儡。

一方面是天下大乱，南北朝对峙，而北方又是东西魏对峙；一方面是内部势力、外部势力、保皇党们都很活跃，需要一个正统君主出来安定大局。所以无论是宇文泰还是高欢，都规规矩矩做权臣，时机未到，绝不肯肉搏上阵去做皇帝。

文帝年轻时洒脱不羁，曾经在酒宴上痛殴过高欢的党羽。高欢要葬自己的父亲，追封为太师，满朝中唯独他一个人不服气。到了登基后，如同一切傀儡皇帝一样，被严密约束。他深爱简朴、明理、宽仁、茹素的妻子乙弗皇后，但宇文泰怕柔然族入侵，劝他废掉皇后，另娶柔然公主。文帝无奈，让乙弗出家为尼。生性嫉妒的柔然公主大为不满，文帝只好又把乙弗迁到偏远的秦州。过了一年，柔然大举入侵，宇文泰认为是乙弗的原因。文帝很失望地说："哪有百万大军入侵，真正是为了一个失宠的女人？这个理由虽然荒唐，但既然已经有此议论，如果我不照你说的做，恐

将进酒

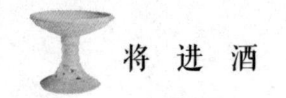

怕也无颜面对三军将士。"于是赐死了妻子乙弗。

在一次酒宴上,文帝有感而发,问群臣说:"《孝经》讲的是做人的基本道理,大家说说看,《孝经》的核心是什么?"

孝道是中国古代的基本道德之一。君臣父子,例为一体,朝廷希望普天下的子民如同儿子孝顺父亲一样尽忠。所以一千八百字的《孝经》,也就成为历朝历代的思想法宝,颁行天下,教人学习。历代皇帝经常招大儒们宣讲孝道,甚至还会亲自抄写以示诚意。忠君和孝悌,一直是合而为一的,从不加以区分。忠孝不两全之际,往往强调忠而不强调孝,强调道德而不强调天性。帝王权术,是要把孝道贯穿到忠君中去。汉代号称以孝治国,北魏也是如此,所有皇帝谥中都有"孝"字。文帝的这番问话,看似酒局中的漫不经心,实则大有深意。

长孙澄站起来第一个回答说:"夙夜匪懈,以事一人(白天晚上都不要懈怠,尽心尽力、自始至终侍奉唯一的领导)"。第二个人接着说:"匡救其恶(纠正他的过失)"。

酒宴之后,宇文泰非常欣赏长孙澄,却让人去责备第二个答话的人。因为他发现长孙澄有"死忠"的潜质,只认定一个人,终生追随。第二位答话的人其实更为正理,父母、君主有过失,要为他们纠正,让他们品行无亏。但宇文泰不喜欢,这不是要把君父的过失暴露给世人吗?相比"始终侍奉一人"的长孙澄而言,第二位实在是自我意识浓厚,所以要加以训诫。

事实证明宇文泰是对的,长孙澄侍奉大将军(不是侍奉天子),不蓄家财,忠心耿耿。宇文泰曾经问:我和你之间关系不同,你要什么就直接跟我讲。长孙澄回答说:"我这个人,从头顶到脚跟,都是您的栽培所致,实在没什么别的需要。"

魏文帝常常登上逍遥宫远眺,遥望那无际群山的崔巍与深碧。他说:"看这苍莽,让我有出尘之意。如果我能活到五十岁,一定不再做皇帝,就入山去修道。"他在四十四岁时,就病死了,终于没有实现这飞出樊笼

第六十九局：樽前说孝

的理想。

那一局樽前说孝，是他这一生里，为数不多的微弱的抗辩，但毫无收效。当他天真地等待关于忠君爱国的回应时，宇文泰欣喜地看到忠臣孝子背后的奴性。

这种奴性，我们的民族几千年来一直在和它交媾、和它抗争，但始终没有真正摆脱过它。即便一声宣言，人站起来了，但人格还匍匐在地。

第七十局：斗酒逍遥

主饮：韦琼；主陪：魏明帝，武帝，宣帝；主宾：宇文护；地点：晋王府

北周明帝宇文毓，有一位"屠龙"堂兄宇文护。

这位宇文护，在历史上是绝无仅有的杀天子的专业户，短短数年时间，杀了四个皇帝。分别是西魏废帝元钦（宇文泰动手，但宇文护是怂恿者）、西魏恭帝元廓、北周闵帝宇文觉、明帝宇文毓。

明帝也不草包，虽然很年轻，但自身素质很高，几乎算是文武双全。他兢兢业业，治下的北周日益壮大。堂兄宇文护慌了，出了一个下策，"归政于帝"，以此试探明帝。结果明帝二话不说，照单全收，把托管业务变成了直管业务，全面削弱宇文护的各项职权，并且把一直以来的"天王"称呼废掉，正式称帝。

当时朝野之中，有一位名声很大的隐士韦琼，隐居在林泉之下，琴书自娱，志向高远，淡泊名利。曾经被选为雍州的副职，他觉得与志向不合，就挂冠而去了。名声传了出来，先后十次被朝廷推荐，又十次推辞。宇文泰也曾礼贤下士，虚心邀请，希望他能出山入仕，虽然言辞恳切，韦琼依然不答应。只有那些带着酒而来的人，他才毫不推辞，对饮如故人。

第七十局：斗酒逍遥

明帝根基不稳，很希望收罗这位有声望的隐士，但他是聪明人，知道韦琼不喜欢世俗礼节，便写了首诗送给他，投其所好。诗中赞扬了韦琼遁世而隐的高洁，把他比作汉初的商山四皓，暗示希望得到他的帮助。韦琼收到诗，觉得明帝年轻有为又尊重文化，可以成为一代明君，便答应定期去朝拜。得到这样的回复，明帝觉得自己获得了超过父兄礼贤下士的好名声，非常高兴，吩咐人每天送给韦琼一斗好酒，并给他一个尊号，叫作"逍遥公"。

逍遥公到京的消息，很快传遍了朝野。连南方陈朝来访的尚书都久闻其名，希望能和他见一次面，见面之后赞不绝口。执政的宇文护也不免动心，邀请韦琼到自己家，设下酒宴，向他求教。韦琼只说了四句话："酣酒嗜音，峻宇雕墙。有一于此，未或弗亡"。意思是在此乱世，你身为执政，而嗜酒无度，好歌舞，修豪宅，恐怕离死不远了。宇文护大为不悦，但对方是闻名朝野的名士，又是受邀来访，他不留口德，自己也无可奈何。

后来，宇文护觉得明帝羽翼已丰，便买通宫人，下毒害死了明帝。明帝在殿上拼尽力气，宣布让自己的弟弟宇文邕为帝，是为武帝。武帝登基后先发制人，杀了宇文护。

武帝也敬重韦琼，请他夜宴，并送了大批绸缎。皇帝的赏赐，是莫大的荣耀，但韦琼只领了一匹，表示接受圣恩而已。武帝喜欢玄学，向韦琼请教佛道儒三教的区别。韦琼说，三教虽然教义不同，但终极目的都在于"善"，没有高低之别：这的确是智者之言。

宣帝那时候还年少，也让人牵着自己的马把韦琼接过来，向他请教立身之道。韦琼说："俭为美德，奢侈则是大恶。欲不可纵，志不可满。您一定要听取。"宣帝宇文赟正是一个残暴骄奢之人，创下了前无古人后无来者的五位皇后同时并立的荒唐事迹，因为纵欲过度，在位一年而亡，正好应了韦琼的训诫。

斗酒逍遥而又入仕参政的韦琼，能在多位皇帝和权臣之间周旋自若，

将 进 酒

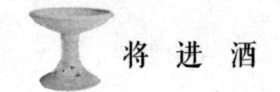

不能不说是大智慧。明帝、武帝、宣帝也罢，宇文护也罢，对他的争取，并非是真正的礼贤下士，而是对于巩固权力的需要。韦琼深识此理，明哲保身，但依然能出于本心劝善止恶，这是中国知识分子身上儒释道文化融为一体的典型体现。

第七十一局：为婿请官

主角：李敏；主陪：杨丽华；主宾：杨坚；地点：隋宫

李敏是跟随隋文帝南征北战的同袍遗孤，杨坚顾念旧情，把他养在宫中。等李敏长大了，安排他世袭做了公爵，负责宫中宿卫。李敏长得比较秀气英俊，并且擅长骑马射箭。隋代宫廷歌伎众多，声乐发达，李敏耳濡目染，吹弹拉唱也很娴熟。

隋文帝杨坚篡了北周的位。北周武帝宇文邕不喜欢杨坚，认为他有造反之相。古人动辄说某人有反骨、反相，多半出自同僚之间的攻讦和君臣之间的猜忌，这是最不需要成本而最有效果的攻击手段。当时有好几个王公大臣造杨坚的谣，对于周武帝而言，宁可信其有不可信其无。还好，杨坚功劳很大，能力很强，为人谨慎小心，始终没有被抓住把柄。到了宣帝宇文赟时代，宣帝处处挑剔，必欲置他于死地。杨坚把自己的女儿杨丽华都嫁给宣帝了，依旧举步维艰，不过宣帝在位一年就荒淫而死，留下了七岁的周静帝。杨坚被压抑多年，终于再无威胁，索性一不做二不休，用"禅让"的方式，从自己名义上的外孙手里接管了北周江山，统一南方之后，建立隋朝。

杨坚的女儿杨丽华，也就是宣帝的皇后，现在在大隋朝里重新做回公

将 进 酒

主——乐平公主。前朝皇后和当朝公主的双重身份，既煊赫又尴尬。乐平公主有个女儿，一直很受宠爱，到了出阁的年纪，就在王公贵族的儿郎中"选秀"。把修养好、名声好、学问好、长得好的名门子弟们一字排开，每天要挑上百人进行面试。乐平公主爱女心切，亲自出马考察准女婿。当然，考题也很复杂，除了自我介绍，挥毫成篇外，还要考其他才艺。不合格的，直接赶出去，合格的进入下一轮。面试到李敏，乐平公主十分满意，当场就定下这位"乘龙快婿"。

结婚的排场自然不用说，非常盛大。婚后，公主带女儿女婿去参加隋文帝举办的家庭宴会。乐平公主对女婿李敏说：我家（前夫宇文氏）把天下都让给我父亲了，而我只有一个女儿，所以我要给你求一个"柱国"（隋二品衔，北周时为朝中最重之职位。后人言"生为上柱国，死为阎罗王"，足见"柱国"之贵重）。如果皇帝给别的小官敷衍你，你不要接受，更不要低声下气地感谢。

果然，等见到文帝，酒宴半阑，文帝亲自弹起琵琶，让李敏唱歌跳舞助兴。李敏表现不错，文帝非常高兴，就问公主，李敏是什么官？公主回答说：虽然世袭勋爵，但并无官职，只是一介白丁。文帝要讨好女儿，就对李敏大声说，我任命你为"仪同"（散官虚衔）。李敏牢记岳母的叮嘱，一声不吭，更不谢恩。文帝吃惊地说：仪同已经是比较高的官职了，难道你不满意吗？那我就任命你做"开府"（类似州郡长官）。李敏还是一声不吭。文帝一愣，觉得李敏不识抬举，但旋即明白过来了，知道这是公主的意思。马上说：乐平公主对我而言有天大的功劳，我怎么能对着她的女婿而爱惜朝廷官位呢？现在就封你做"柱国"。李敏立刻叩头谢恩。

杨坚去世后，乐平公主也患上重病，去世前跟兄弟杨广说："我只有一个女儿，希望把自己的俸禄留给女婿，也让女儿有个照应。"隋炀帝同意了，给了李敏五千户人家的税收做俸禄。

酒筵上邀宠求官，临死前留以厚赠，当然算得上是深爱。"父母之爱

第七十一局：为婿请官

子，则为之计深远。"这句话出自战国，易懂而不易行，很多父母敝于眼前之爱，不肯为子女做更为久远的打算。于是费心为子女所积，很快也就烟消云散。就像李敏，并不肯赴任州郡，身居显要而毫无功绩，一心安逸地做皇亲国戚。尸位素餐，自然被人谗言。终于在不久之后，被隋炀帝寻了个岔子，杀掉了。

第七十二局：尔"愚"我诈

主饮：高欢；主陪：尔朱荣；主宾：尔朱兆；地点：漳水河畔

北魏后期，胡太后垂帘听政十三年之久。她荒淫无度，广纳男宠，奢建佛寺，贪恋权力不肯放手，为此不惜杀死儿子孝明帝。各地盗贼义军蜂起，尔朱荣即生于此末世之中。

尔朱荣以卓越的军事才能逐渐成为造反派领袖，在他帐下，汇集了高欢、宇文泰等后来的建国开疆者，也有侯景这样的灭国魔王，其兵马之盛可以想见。

尔朱荣打着为孝明帝报仇的旗号进兵洛阳，把胡太后和三岁的新皇帝一起扔进河里。又以祭天为名，将文武百官全数二千余人骗至黄河边，杀了个干干净净，导致整个北魏朝廷空无一人。

尔朱荣立了傀儡孝庄帝。孝庄帝却是一个有为青年，极为勤政。尔朱荣与孝庄帝之间的矛盾与日俱增，最终在洛阳上演了一幕龙虎斗，孝庄帝赢了，尔朱荣死了。北魏重新陷入混乱之局。尔朱兆为叔父报仇，杀了孝庄帝，成为执政大臣。

此时，高欢从一个落魄户起家，依靠自己妻子的嫁妆，慢慢组建自己的军队，一路夺关斩将，与尔朱兆一起成为尔朱荣的左膀右臂。高欢曾建议新

第七十二局：尔"愚"我诈

主尔朱兆安排得力助手去镇压乱兵，有人推荐高欢，高欢当场痛打了这位建议者，并说这本该由尔朱兆大王示意，别人不得干预。尔朱兆酒酣糊涂，同意高欢前往。他完全忘记了叔父在世时的劝诫，让他们千万提防高欢，因为这个人的才干和胸襟都很了不起，自己的子侄们将会难以驾驭。高欢怕尔朱兆酒醒后反悔，立刻出发，宣布尔朱兆的决定，奔赴阳曲川，建立大营。

军队建立后，高欢想调到富庶的山东。有人劝谏尔朱兆说，高欢迁出如同蛟龙入海，千万不能同意他去山东，昏聩的尔朱兆依旧没有听进去。高欢在途中将尔朱荣妻子的财物马匹抢掠一空，尔朱兆这才大怒，率军追赶。双方在太行山西麓相遇，正逢漳水暴涨，高欢抢先渡河，隔着漳水对追到对岸的尔朱兆说，我借用马匹财物，不过是要用来平定乱党，如果主公您听信谗言，我这就过河受死。这番话是再寻常不过的敷衍之辞，但尔朱兆头脑发热，回忆起与高欢并肩作战出生入死的岁月，毅然甩开披挂，骑马凫水过河。在万千将士目瞪口呆之下，尔朱兆大王凭着过硬的身体素质渡过了激流汹涌的漳水。高欢看到这一幕，惊喜过望。设酒宴招待这位湿透了的上司兼对手。豪饮之后，尔朱兆再次犯浑，抽出佩刀递给高欢，还把脖子伸在酒案上，让高欢砍。高欢表现得悲从中来，放声大哭，诉说尔朱氏对自己如山恩惠，也表达自己的忠心。两人杀白马盟誓，表示永不相害。尔朱兆喝得烂醉如泥，高欢属下想杀了尔朱兆，高欢说："此人有勇无谋，杀来容易。但他死后，部属无人制约，反成祸患。"次日早晨，尔朱兆回到本营。想着昨夜的豪饮，很是满意，也邀请高欢渡河来会。高欢假意做了一番样子，并不肯过来。尔朱兆发现上当，破口大骂。但经过一夜汇流，漳水更加汹急，尔朱大军再也无法横渡，只好退兵。

高欢到达山东后，厉兵秣马，最终打败了尔朱兆，攻克洛阳，重新执掌了北魏。风雨飘摇的北魏后来分裂为东魏和西魏；高欢死后，其子高洋篡位，称为北齐。

这是历史上少有的愚蠢对饮，高欢两次将尔朱兆玩弄于酒局之中。他在草莽英雄纷出的时代，开创了北齐短暂的基业，书写了一位底层平民走上政坛巅峰的曲折历程。

第七十三局：狗脚天子

主饮：高澄；**主陪**：崔季舒；**主宾**：东魏静帝；**地点**：魏宫

权臣当道时，帝王注定不好过，吕不韦、霍光、董卓、曹操治下的皇帝们个个战战兢兢如履薄冰，轻则受责受辱，重则被废被杀。

高欢晚年，对自己先前驱逐先帝的罪行深有忏悔，侍奉十一岁的元善分外尽心，事无大小都要启奏，静帝批准了才去做，一改之前的飞扬跋扈。元善从一个傀儡皇帝，硬生生地被锻炼和辅佐成了颇有中兴之望的君主。他仪表端庄、武力过人，而且文采也颇了得。高欢之子高澄对静帝极为忌惮。

高欢死后，高澄继任大丞相和大将军，把持国政，静帝从高高在上再次跌入权臣的掌握之中。高澄把亲信崔季舒安排在静帝身边做近臣，静帝的一举一动，都会被他侦知。他写信给崔季舒，问："那个傻小子怎么样了（痴人比复何拟），比原来更傻些了没有？要用点心好好看管。"静帝曾经在外田猎，纵马稍微快了一点，就有人大声叫："不要骑那么快，大将军会很不高兴。"最为过分的一次，高澄陪静帝宴饮。高澄喝多了，举着一个大杯，要求静帝喝下去，并且叫着自己的名字说，是我高澄敬你喝酒。此时已大失君臣之礼，压抑已久的静帝愤懑不平，说道："自古没有

第七十三局：狗脚天子

不亡的国家，朕还在乎这个做什么！"高澄听到高家一手扶起来的静帝在他面前自称"朕"，勃然大怒，骂道："朕，朕，你就是个狗脚朕。"让崔季舒当着自己的面，狠狠打了静帝三拳，而后扬长而去。

次日酒醒，高澄让崔季舒进宫，假意慰问静帝。静帝忍气吞声，反过来向高澄道歉，并赐给崔季舒绢百匹。

静帝不堪受辱，但又不敢像前代傀儡曹髦、亲自带兵去攻打要篡位的司马昭，只好召集几个无能之辈，共谋诛澄。他们谋划的计策是从皇宫挖地道，一直挖到城北高澄的家里去，然后通过地道去刺杀高澄。说干就干，这一项移山填海的工程就在众目睽睽下动工了。结果还真挖到了高澄的府邸，守门人听到了地下的异动，报告给了高澄。稍作推算，高澄就明白了怎么回事，他带上军队入宫，也不拜见，径直坐在静帝对面，质问道："你为什么要造反？"这真是空前绝后的问话，静帝冷笑着回答说："古往今来，只有大臣造反，没有听说有皇帝造反的。你自己要造反，不要反过来问我。"此时天下未定，高澄不敢行篡夺之实，看到静帝并没有跟自己闹翻，马上换了一副面孔，叩头谢罪，请求设宴与静帝把酒言欢。之后杀掉了那些个同谋，软禁了静帝。

高澄多年来征讨四方，东魏逐渐平定，他和前辈权臣们一样，兼任军政大权、封王爵，"入朝不趋，剑履上殿"。眼看静帝不太合作，他也就积极准备着篡夺大计。就在紧要关头，他因为小事，要杀一个无足轻重的厨子，这个厨子叫兰京，本为南朝名将之后，战败被俘后专职烹饪，听到高澄要害自己，兰京先发制人，带同伴闯入内室杀死了高澄。高澄的千秋大梦，就戏剧般止步于此，时年二十九岁。

天子不易做。谋反天子、狗脚朕的苦衷，又有几人领会得来？高澄是无法领会的，因为他也在积极谋求大位。这枚看似光鲜，吃来苦涩的果子，要等到几十年后，他的兄弟、子侄一起分尝。

第七十四局：人骨琵琶

主饮：高洋；主陪：诸嫔妃；主宾：诸臣僚；地点：大殿

高洋在深目高眉的北方人中显得很异类：又黑又丑，还有轻微痴呆症。哥哥高澄讽刺他说：这种丑人也能生在帝王家，可见相书是不准的。弟弟高演则常常当众说：快给我二哥擦鼻涕，让高洋难堪下不来台。

高澄死后，这位其貌不扬的二弟逼迫东魏静帝禅位，完成了父兄未竟的事业，创立了北齐政权，史称"文宣皇帝"。征战经年，家族的暴戾之气爆发出来，加上轻微的精神病，高洋逐渐变得荒淫残暴，令人发指。

高洋宠爱妓女薛氏，族弟高岳借薛氏姐姐的名义把美貌如花的薛氏接到王府里住。高洋去找薛氏，薛氏姐姐为父亲请官，这本是自然不过，但高洋借机发作，把薛姐姐吊起来，用锯子锯死，逼令高岳招供和薛氏有奸情，高岳被屈打成招，只好承认，随后被毒死。高洋回去后，左思右想，觉得咽不下这口绿帽气，就把薛氏的头砍掉，藏在怀里，到东山召集酒宴，趁大家举杯之际，突然把人头从怀中拿出来，掷于盘子中，并抬过薛氏，就在酒宴上开膛破腹肢解尸体，用白森森而血肉模糊的大腿骨做了一支琵琶，酒宴里的宾客吓得惊慌失措，高洋弹着髀骨琵琶，哭着唱道："佳人难再得！"

第七十四局：人骨琵琶

折腾一番后，高洋让人把一堆血肉用车拉出去，自己跟车一边走一边弹一边唱。

高洋因为天旱求雨，雨没有下，一怒之下，砸了西门豹的祠堂，挖了他的墓。

高洋嗜酒如命，有时脱得精光，涂上胭脂，上街游玩；有时骑着大象、鹿、骆驼、驴马，不加鞍，一路颠簸到大臣家；有时候和亲戚载歌载舞，兴头上就召来妓女聚众淫乱。每次喝醉都要杀人，或者投河死，或者射死，或者砍死，或者烧死，都亲自动手。又把钱洒落在路上，看着路人哄抢，心里才满足。

高洋喝醉后，把母亲娄太后摔伤，酒醒后又气又恨，让人架柴火烧死自己。太后闻讯赶来苦苦劝止。高洋让兄弟秦王痛打自己，并说如果没有打出血来，就杀了秦王。太后抱着这个执拗的儿子哭倒在地。从此后高洋戒酒，曾说如果喝酒，就痛打我。戒酒十天不到，就又开戒，大臣赵道德就真的操起棍棒赶着鞭打他。李集骂他是夏桀商纣，高洋把他沉在水里，快死了再捞起来，问："还说我是桀纣吗？"李集说："你连桀纣都不如。"这样浸没四次，李集不肯改口，高洋没办法，也只好放了他。

高洋在近三十丈高的屋顶上狂奔，毫无畏惧。又把死囚叫在一起，自备竹席作为翅膀，像鸟一样从高台上飞下来，就免他们的罪，结果大多数都摔死了。

高洋因为太子不肯杀囚犯，活生生把太子打成了精神病。他甚至入厕后让大丞相给他擦屁股。有一次跑到去世的仆射崔暹家，问寡妇李氏，还想崔暹不想？李氏说，很怀念。高洋说："既然怀念，不如相见。"手起刀落，砍下李氏的头，丢在门外。高洋皇后的姐姐很漂亮，嫁给了前朝王子元昂。高洋经常临幸她，想纳入宫，元昂不服气，高洋就在他身上射了一百支响箭，元昂流血过多而死。死后高洋亲自跑去吊丧，在举丧时逼迫大姨子交欢。皇后得知后哭着绝食，还是太后发了话才罢休。

高洋荒唐生涯只有短短三十年。最后病重，对当年那位给自己擦鼻涕

167

将 进 酒

的弟弟说:"你要篡位也任由你,只是别杀我的孩子。"他死后,几乎没有一个大臣掉泪。不久,高演篡位,杀了高洋的儿子。再过两年,高演被另外一个弟弟杀害,儿子们也遇害。

高洋在很小的时候,父亲高欢拿出一团乱麻,让他们兄弟来理顺。在兄弟们焦头烂额时,高洋抽刀斩断了这团麻。这是他性格的一个缩影,对待难题,往往采用破坏性方式解决。登基后,性格暴戾,喜怒无常。究竟是权力对性格的异化,还是秉性在权力之下如同洪水破堤,我们无从得知。显然,他过分追逐暴力、追逐性,希望得到人的瞩目,一定和小时候的遭遇有关:让他压抑已久的潜意识肆无忌惮地宣泄。但最好的精神医生,要在一千三百年后的奥地利才会出现,高洋作为历代残暴帝王的一个样本,并未能给中国式贵族教育带来任何示范性的意义。

第七十五局：我头谁斫

主饮：杨广；主陪：萧皇后；主宾：宇文化及；地点：江都行宫

隋炀帝是历史上著名的恶评帝王。其实大隋朝政治上实行三省六部制，文化上实行科举制，财政上实行均田制和租庸调制，军事上实行府兵制，结束了南北朝的乱哄哄的局面，实现了大一统（直到隋灭亡之后，国家谷仓里还有堆积成山的谷子，其富庶可见一斑）。隋炀帝作为大隋第二代领导人，做了不少泽被千秋的不朽事业。有人说，秦始皇和汉武帝的丰功伟绩也不过如此。并且这三位还有一个相似之处：好大喜功、劳民伤财。

隋炀帝发动百万民夫，开运河，沟通黄河、长江、钱塘江、海河、淮河，大运河将南北文明、南北经济有效地连成一片，促进了区域物质的运转和城市的繁荣，其功绩远大于万里长城的修筑。唐代诗人皮日休甚至把隋炀帝开凿运河与大禹治水的功绩相提并论。

隋炀帝还亲自从长安出发巡视古丝绸之路，一直走到青海和河西走廊，到达张掖，周边数十个小国纷纷前来朝拜。回去后，炀帝邀请这些外藩酋长们到新都洛阳，在街头进行盛大表演，吹弹拉唱的配乐人员达到八千之多，从早到晚，夜以继日。足足表演了一个多月，花费的钱自然也

将 进 酒

不可胜数，这些外邦首领们都看呆了，纷纷请求与大隋朝做生意。当年汉武帝穷兵黩武没有做到的事，隋炀帝用一场"嘉年华会"就搞定了。隋炀帝让店铺统一门面，务必整洁，凡是外国人来吃饭住店，一律不收钱，大隋朝的万国来朝比起唐代的遣唐使会盛况有过之而无不及。

隋炀帝打了两次台湾，无功而返。又倾国之兵，带着百万人马亲征古朝鲜，这支军队比当时全朝鲜人口还要多，不料在平壤惨败。直到第三次，高句丽国王投降，隋炀帝才算意满回朝。在南方，他控制了印度及越南部分地区，算得上亚洲甚至世界霸主。

隋炀帝本人的文学造诣很高，在位期间，主持编撰了（不是禁毁或以编撰为名禁毁）不少书籍。

隋炀帝穷奢极欲的运动式治国方略极大耗费了国力民力，成为战乱的导火索。这些丰功伟绩，无一不是由累累白骨筑建而成。炀帝后期，人民不堪"盛世"之下的重压，纷纷造反。

隋炀帝意气消沉，游幸到江都，修建美轮美奂的宫殿，安排不同的美人入住。据载，隋炀帝与皇后等宴饮，酒杯不离口边，姬妾上千人都喝醉。在这酗酒作乐之后，孤独落寞的隋炀帝穿着短衣，拿着拐杖，一个人走上台馆，眺望万里河山；有时候伫立在夜空下，露水沾衣，若有所思。再后来，他已经习惯了"引满沉醉"，一次醉后拿着镜子看了很久，摸着自己的脖子，对着皇后说："这颗好头颅，不知会被谁砍下。"皇后又惊又怕，炀帝反倒笑着安慰她："富贵与贫贱、苦与乐，都是互相交替更迭的，没有必要悲伤。"

这一天终于到了，宇文化及入宫来，历数他的罪过。炀帝平静地说："我或许有负百姓，但并不负你们这些人。"宇文化及杀死炀帝的爱子后，炀帝说："我是天子，用天子的死法罢。"于是被缢杀。皇后用床板做成小棺材，把他和小王子草草安葬。

隋炀帝沉醉在江都的衣香鬓影之中，不敢面对周遭所发生的翻天覆地的巨变，直到他醒来，换上行装，从一个避难的皇帝，从一个沉醉的酒徒的身份中超脱出来，独自走上宫殿，远眺四方的时候，他深切地体会到了一个人最无奈的悲凉。当他揽镜自照自问头颅谁斫的一刻，当他自问自答说苦乐更迭无须悲怀的一刻，他升华到了一种哲学的境界。他希望在那片虚无之中，不再是帝子，也无须担心成为阶下之囚，可以随心所欲，再也不用担心大厦将倾。

第七十六局：全无心肝

主饮：陈叔宝、刘禅；主陪：杨坚，司马昭；主宾：张丽华，蜀宫歌妓；地点：晋宫

亡国之君委曲求全的很多，真的能死于社稷、死于宗庙的反而极少。著名的二世祖刘禅，也就是那位扶不起的阿斗，做了四十一年蜀汉之主，于五十六岁高龄降魏被俘，三国君王中，他在位时间最长。前十二年，由诸葛亮辅弼，后二十九年，名义上是姜维为佐，实际上是刘禅私心自用且宦官专权。公元二百六十三年，邓艾率疲兵万人突袭成都，刘禅举国之民不战而降，将父亲刘备艰苦创立的蜀汉江山拱手送出。

被押送到洛阳后，司马昭封之为安乐公，亲属和大臣受封的也有五十多人。亡国之君同样也是新政权的不安定分子，各种势力以复国为名蠢蠢欲动。司马昭虽然深知刘禅昏庸无能，但提防之心素未减少。一日借宴请为名，安排了一批蜀国歌妓，唱着蜀国的歌，跳着蜀国的舞蹈，以助酒兴。旁边蜀国旧臣们触景生情，无不感伤流泪，唯独这位安乐公阿斗，看得津津有味，和过去在蜀国看戏毫无分别。司马昭叹了口气，说："一个人无情无义，居然能到这种地步。"过了几天，司马昭又试探着问刘禅："你怀念蜀国么？"刘禅愣了愣回答说："这里如此快乐，一点也不想（成语"乐不思蜀"

第七十六局：全无心肝

本于此）"。郤正教他说："这种回答不近人情，司马昭再问你，你应该哭着说，先人的墓都在蜀地，每天都很想念。"果然司马昭又问，刘禅哭不出来，就闭着眼睛回答。司马昭问："这番话怎么像郤正的口气？"刘禅大惊，睁圆了眼睛说："就是他教我的。"司马昭哈哈大笑，这才放下心来。

陈朝末代皇帝陈叔宝，大兴土木，建筑宫室，让自己宠爱的妃子们住在其中，高楼飘渺，望去如同仙子一般。其中最为得宠的叫张丽华，张贵妃经常和陈后主"耽荒为长夜之饮"，甚至到了后主把张丽华抱在膝头同批奏章的地步。陈后主爱好文艺，崇尚辞采华丽、缠绵悱恻的宫体诗，他作品中最有名的是《玉树后庭花》，"商女不知亡国恨，隔江犹唱后庭花"靡靡之音是也。大臣讽刺他"酒色过度……宦竖弄权，视生民如草芥……百姓流离，僵尸蔽野……神怒民怨，众叛亲离。恐东南王气，自斯而尽。"

隋文帝印发了三十万份陈后主的罪行传单，在舆论上造足了声势，而后挥师南下。陈后主朝野迷信于长江天堑，以为万无一失，整日听歌选舞，饮酒赋诗。城池被侵的文书送到都城，连封皮都不曾拆开。隋兵杀入宫殿时，后主才恍然大悟，慌作一团，大臣劝他正襟危坐保持尊严。后主说："刀枪可不是玩的，我自有计策。"他的妙计，就是抱着张贵妃孔贵妃一起躲进宫井中。

被俘后，陈后主从南京到了长安，隋文帝赦免了他，让他住在都城。杨坚是一个宽宏有度量的君主，对后主优待有加。每逢宴会，怕他伤心，都不让演奏江南的歌舞。但后主从不把亡国放在心上，成天无忧无虑。有一次，陈叔宝腆着脸乞求隋文帝，说自己经常上朝，没有一官半职，和同僚之间不好称呼。隋文帝叹息着说："陈叔宝真是全无心肝之人。"监视的人报告说，陈后主经常喝醉到人事不省。文帝让人劝他戒酒，后来又说："算了，由着他吧，不喝酒他怎么度日呢？"

无情无义的刘禅，没心没肝的陈叔宝，苟全性命的唯一办法，就是装憨卖傻，沉醉于酒色，只有这样，才能让心怀猜忌的君王释然。颠顸愚昧的表演，嚎啕捧腹的陈辞，让人不易察觉他们眉梢一丝狡黠的无奈。

第七十七局：人肉宴席

主饮：朱粲；陪饮：诸葛昂；主宾：诸被食；地点：五千年神州

隋末朱粲纠集贼党自称楚帝，因为大饥荒，一万钱也买不到一斛米，朱粲就铸了一口大钟，把平民赶进去，煮熟了给队伍吃。他自己也有吃人嗜好，经常把民间幼儿抓来蒸食。打仗时，属下担心粮草不够，朱粲说："世上最美味的，就是人肉，只要对方城里有人，我们就不愁没有吃的。"很多地方的活人被他掠食干净。后来朱粲投降李渊，唐将段确去慰劳，饮酒中，段确讥诮他说，听说你喜欢吃人，人肉是何滋味？朱粲回敬说："如果是像你这样喝了酒的，吃起来像猪肉一样。"段确大怒，呵斥朱粲。朱粲便下令杀了段确，煮来吃掉。

同时代渤海的高瓒自恃豪强，但更羡慕深州诸葛昂的豪奢。双方争强赌胜，高瓒凶残地杀掉一对十多岁的双胞胎，设酒宴招待诸葛昂，把头颅、手脚分在各位宾客的盘子里，客人们都忍不住呕吐。第二天，诸葛昂回请，有美人劝酒时无故笑了一下，一会儿厨子端上来一个大银盘，打开盖一看，行酒的美人艳妆端坐在盘里，已经蒸熟了。诸葛昂抓起煮烂的腿肉就吃，接着又把美人的乳房吃掉。高瓒又羞又怕，连夜逃走。

《礼记》里记载着"有虞氏祭首，夏后氏祭心，殷祭肝，周祭肺"，拿

第七十七局：人肉宴席

人的器官作为飨神之礼。而最早吃人的记载是暴君商纣王，说他醢九侯、脯鄂侯，就是把人做成肉泥肉酱。第二名乃是有道明君周文王，明哲保身，吃掉了自己儿子肉做的饼。第三名是春秋霸主齐桓公，吃尽美味，说自己思吃人肉，善治美食的易牙竟然将自己的儿子杀了给齐桓公吃。战国魏将乐羊攻打中山国，中山国君杀其子，做成肉羹送过来，乐羊不动声色吃完肉羹，继续攻打中山国。魏王叹息说："乐羊因为我的缘故，才落得吃自己儿子的地步。"大臣劝谏道："连自己的儿子都能吃，他的野心不可小觑。"前秦苻坚攻打羌族姚苌，把羌人尸体当做"熟食"，鼓动军队说："你们早上打仗，晚上就能饱餐。"姚苌撑不下去，对着援兵诉苦：你要是来晚一点，我们就被苻坚吃光了。

《新唐书》说安史之乱中守睢阳城的十个月，守军吃掉了城中三万多人。唐代宗年间大旱，死了人也不出殡，就由家人分着吃掉，人骨丢得到处都是，延绵在两千里的三吴大地上。

后汉赵思绾喜欢活生生地把人剖开，取出肝来脍，吃完了肝，人还没死。他又爱以酒吞人胆，还说"常吃这个，可以壮胆。"当时长安没有粮食，赵将军就捉来妇女小孩做军粮，每次犒劳军队，就屠杀数百人吃，和杀猪杀羊一样。

宋高宗时期，受灾地区人肉叫作"两脚羊"，还不如猪狗肉贵。肥胖的人晒干做成腊肉；老而瘦的男子叫作"饶把火"，意思是不容易煮烂；女人叫作"不羡羊"，意思是比羊肉还嫩；小儿叫做"和骨烂"，意思是很容易熟烂。岳飞在《满江红》中慷慨激昂地写道："壮士饥餐胡虏肉，笑谈渴饮匈奴血"，真希望这只是一代名将的艺术发挥。

元末陶宗仪在《南村辍耕录》中，记载当时军队吃人的惨状更是触目惊心：他们最喜欢吃小孩，妇女次之，男子又次之。或者活生生煮熟，或者活生生做烧烤，或者绑住手脚用开水烫掉毛发，再用刷帚刷开皮肤。男的一般只吃双腿肉，女的一般只吃双乳肉。

明袁崇焕被杀后，为士民所食。清同治年间，安徽因为天灾，到处吃

将 进 酒

人，人肉贱到三十文一斤。

……

  大凡战乱，粮食匮乏之际，"人相食"、"易子相食"时有发生，人的遭遇，常常还不如猪狗，"宁为太平犬，不为离乱人"真是沉痛之语。吃人魔王每一朝都有，吃人事件出自笃守忠信孝悌礼义廉耻，有着数千年文化与道德积淀的礼仪之邦，实在难以理解。鲁迅借《狂人日记》说翻开史书看到写着"吃人"二字，除了虚伪的仁义道德吃人，还有真实发生的人相食。这是自诩为文明古国之民的先生们不愿意面对的，这是我们舌尖上丑陋的中国。

第七十八局：推背图谶

主饮：李君羡；主陪：唐太宗；主宾：李淳风，袁天纲；地点：内苑

太宗召集功臣，在宫内集宴，饮酒中行酒令，要求说各自的小名取乐。轮到李君羡，他说，别人叫我"五娘子"。大家哄堂大笑，太宗也惊愕地说：哪有娘子像你这么雄健啊！不久，太宗把这位勇武无敌的将军迁出京城，出任华州刺史。又授意御史弹劾他跟妖人作祟，有不轨之谋，随后下令将其处死。武则天当政后，君羡家人再度诉冤，武氏为他平反，并将他礼葬。

太宗为何要设计杀"五娘子"，武则天为何又推翻定谳为其平反呢？

贞观初年，"太白数昼见"，即多次在白天看到金星，负责天象的太史占卜说"女主昌"，也就是有女人要占有天下。在男权社会里，这是一个破天荒的预言，接下来的谶语更为具体，说是"有女武王者"，也即有与"武"有关的女性称王。太宗听到封为左武侯中郎将、武连县公、骁勇善战的李君羡小名五娘子，立刻将这一预言联系起来，杀掉了他。君羡虽死，武则天依旧掌国，所以她肯积极为君羡平反，也是再次昭告天下，自己当权乃是天命所归。

此即谶纬之学、占卜之事。

比如"檿弧箕服，实亡周国"，引发西周覆灭；比如"楚虽三户，亡

将进酒

秦必楚"给予楚国遗民信心支持;比如"大楚兴、陈胜王"篝火狐鸣,迅速聚集大众反抗暴秦;比如高祖斩蛇的自我神化;比如虫子咬树叶咬出来"公孙病已立"以证宣帝继承大统的正确性;比如"五星出东方";比如"金瓶掣签";比如"千里草何青青"影射董卓;比如"河南杨花落,河北李花荣"暗示隋唐更替……

这种现象,史不绝书。每逢开国、末世或社会艰难、人事更迭之际,谶谣纷纷出现。汉代谶纬之术最为盛行,成为显学,几乎要与五经并驾齐驱。到了汉末,大学者刘向甚至要改名去上应谶纬。王莽曾以谶造舆论建立新朝,对手也拿谶为武器反击。正因为它们带有强烈的政治色彩,难以控制,所以先后被梁武帝、隋炀帝明令禁止。

谶纬之术,最大的特点一是预言性,二是模糊性。类似猜谜,往往需要事件发生后才能相互验证,这给灵验与否很大的解释余地和弹性空间。

太宗曾问太史令李淳风,如何处置"女主"。李淳风说:"征兆已经形成,此人已在宫中,四十年后将称王,恐怕李氏子弟会被杀掉大半。"太宗问:找出来杀掉如何?李淳风回答:"这是天命,不可更改了。现在杀掉,今后的祸患更大。"

李淳风在《新唐书》中,名列"方技",善于占卜,鬼神莫测,他与同道中人袁天纲合出了一本流传至今的预测奇书《推背图》。

据传李淳风以易理数术,图谶配诗,推演预言了唐之后两千年的历史大事,袁天纲觉得天机不可泄露,推他的背说"万万千千说不尽,不如推背去归休",故名《推背图》。后代有无数人对此书进行解读,其中以金圣叹的评本最受人瞩目。

子不语怪力乱神,但以《推背图》为代表的谶纬之学,实已深入中国社会的方方面面。这既是缺乏信仰与科学导致的愚昧迷信,又可以说是先民寻求自然与社会规律的一种探索。贞观初年,李君羡所遭遇的这一场酒局,是谶纬与现实碰撞的一个缩影。它开启了中国封建史上最大的一次政治变革:"女主当国",它同样昭示了自然的神秘与命运的诡谲。

第七十九局：贵妃醉酒

主饮：杨玉环；主陪：唐玄宗；主宾：李白，杜甫，李龟年诸乐工；地点：御花园

《贵妃醉酒》是一出著名剧目，梅兰芳先生最擅胜场。"温泉水滑洗凝脂"、"侍儿扶起娇无力"，风流婉转的杨玉环，醉后风情可想而知。唐玄宗踞坐榻上，目随身转，心旌动荡。边上侍立着著名的乐师李龟年、雷海清、黄旛绰、张野狐等人。唐玄宗是梨园始祖，酷爱音乐，不仅能创作，还能亲自上场演奏，有记载说"宁王吹玉笛，上（玄宗）羯鼓，妃（杨玉环）琵琶，马仙期方响，李龟年觱篥，张野狐箜篌，贺怀智拍板"热闹非凡。野史里说他夜入月宫，偷得《霓裳羽衣曲》流传于世，艺术造诣可想而知。

局中人自然不会知道，他们都将逐一登台《长生殿》这幕悲剧。弦歌声里，已是朝露将晞、春红将谢。

不久之前，玄宗开过一次家庭宴会："龙池赐酒敞云屏，羯鼓声高众乐停。夜半宴归宫漏永，薛王沉醉寿王醒"。一直饮酒到夜半，结果是薛王喝醉了，寿王还醒着。寿王是玄宗的儿子李瑁，即杨贵妃的前夫；薛王是玄宗的弟弟。诗是苦涩的，对于寿王而言，父王得到了自己的妻子，在

将进酒

这场家宴上,想来他无非是低头举杯,拱手作态而已;又不敢放浪形骸,借酒抒愤。这真是一场尴尬的酒局。

玄宗与贵妃赏花听曲,宣李白进宫谱写新章(事存疑),三首《清平调词》流传至今,辞艳丽而调清绝:"云想衣裳花想容"、"一枝红艳露凝香"、"名花倾国两相欢",写尽了贵妃的绝代芳华,玄宗的无比恩宠,以及二人的无限欢愉。

杨玉环和李隆基,订下"在天愿为比翼鸟,在地愿为连理枝"的誓言。但沉醉在爱情里的贵妃没有想到,等天崩地裂的那一天真正到来,誓言的另一方并没有践诺,反而将她抛弃。

渔阳鼙鼓,惊散了这对比翼鸟。马嵬坡前,贵妃被白绫赐死。梨园乐工们逃散四地。李龟年去了当时尚未开化的江南,遇到了杜甫,有了那首著名的以美景衬托哀情的《江南逢李龟年》:"正是江南好风景,落花时节又逢君"。雷海清因眼盲羁留在京,安禄山僭位后大宴宾客,让他演奏助兴,在《长生殿·骂贼》一折里,有一首"扑灯蛾",只用鼓板,不用工尺,他唱到"我虽是伶工微贱……掷琵琶,将贼臣碎首报开元",以飞蛾扑火的方式,用生命报答了开元天子和太平盛世。拍板名家黄旛绰流落到苏州,开创了昆山腔,成为昆曲之祖;似乎他还曾准备从三峡入蜀,在偏僻的长阳留下了南曲遗音,无论唱词还是曲调,都蕴藉典雅,与昆曲风格相契。只有张野狐随驾,蜀道艰难,又逢大雨,玄宗悼念贵妃,作了《雨霖铃》一曲,传给张野狐,哀婉凄恻,听者垂泪。

一年后玄宗重回长安,想起贵妃,悲从中来。《长生殿·哭像》一折里,玄宗悔恨当初全无主张,如今虽然自身无恙,但孤孤凄凄,只落得泪万行。此恨绵绵,他寻来有道之士,上穷碧落下黄泉,替自己寻找贵妃的魂魄,道士编织了一个海外仙山的梦来慰藉他。

真是一场令人唏嘘的酒局。当朝天子,绝代艳妃,两大诗人,数位乐工,各自见证了有唐一代从繁华到衰落。

第八十局：饮中八仙

主饮：李白等；主陪：杜甫；主宾：旁若无人；地点：长安酒肆

文人聚会，不可以无酒。但有一局文人酒会，可谓旷古绝今。这一局文人雅会，足堪媲美王羲之的兰亭之会。兰亭之会留下了书法史上的瑰宝《兰亭集序》，而这一局，则留下了杜少陵的《饮中八仙歌》。

历史上虽没有这"饮中八仙"齐聚一堂的明确记载，但盛唐时各种文人酒会盛行一时，参与者甚众。这饮中八仙，都是当时的名人，或同朝为官，或诗文相交，或意气相投，醵饮的可能性极大。李白即是诗仙，又是酒仙。他大吹牛皮地说"天若不爱酒，酒星不在天。地若不爱酒，地应无酒泉。天地既爱酒，爱酒不愧天。"在这一次酒会中，与会的诸君没有一个不是当时名重一时之士，阵容之豪华，空前绝后。杜甫用诗把他们那潇洒快意的神仙酒局场面记录下来并传于后世。当然，这首诗也是酒国诗篇中的千古绝唱。

诗云：知章骑马似乘船，眼花落井水底眠。汝阳三斗始朝天，道逢曲车口流涎，恨不移封向酒泉。左相日兴费万钱，饮如长鲸吸百川，衔杯乐圣称避贤。宗之潇洒美少年，举觞白眼望青天，皎如玉树临风前。苏晋长斋绣佛前，醉中往往爱逃禅。李白一斗诗百篇，长安市上酒家眠。天子呼

将 进 酒

来不上船,自言臣是酒中仙。张旭三杯草圣传,脱帽露顶王公前,挥毫落纸如云烟。焦遂五斗方卓然,高谈雄辩惊四筵。

这是一幅神形兼备的酒徒众生相:贺知章,号四明狂客,在众酒徒中年龄最长,曾经解下日常佩戴的金龟印换酒。汝阳王李琎是玄宗子侄,宁可迁居到酒泉而不愿列土封王。左丞相李适之痛饮如长鲸吸水,借酒避李林甫之祸。崔宗之是英俊少年,风流潇洒,宛如玉树。苏晋虽然鼓吹自己悟道修禅,但一逢酒局便不能自持,千金买醉,忘乎所以。李白是诗中圣哲,酒中仙人,他坚信"古来圣贤皆寂寞,惟有饮者留其名",经常"花间一壶酒,独酌无相亲。举杯邀明月,对影成三人"。他还清高倨傲,"安能折腰摧眉事权贵",传说曾让贵妃磨墨力士捧靴。张旭是一代草书圣手,借酒气笔墨更为纵横酣畅。焦遂才华横溢,酒酣后谈兴飞扬,不可一世。

在杜甫笔下,这些人的音容笑貌如跃纸上。杜甫最崇拜李白,说"白也诗无敌"。两人有一段深厚的交谊,杜甫的诗集中,纪念李白的诗写得深挚动人。"李杜文章在,光焰万丈长。"他们是中国三千年诗史上最耀眼的双子星座。李白,最终因为饮酒过度,醉死于宣城(见《旧唐书》)。也有说月夜醉饮,泛舟江上,捉月而死。杜甫,潦倒漂泊,去世前寄居在衡阳一带,与耒阳县令饮烧酒过量,一夜而逝。这两位天才诗人,是生前好友,因诗结缘,因醉而死的结局,也算是惺惺相惜又得其所哉。

公元七百四十五年的夏天。两位诗人在山东兖州相别,李白诗云:"飞蓬各自远,且尽手中杯"。这是一场醉别,尽管他们分别后还会同时在世十五年,但这是他们最后一次见面。

第八十一局：十月围城

主饮：张巡、许远；主陪：南霁云；主宾：尹子奇、令狐潮；地点：睢阳

我国的历史，是治平与战乱交替的历史，战乱的核心为权力争夺。战争一旦开启，便从权谋家和昏君佞臣一直波及到普通民众，三千多年有文字记载的战争史里，涌现出了无数可歌可泣的英雄与传说，公元七百五十七年的睢阳保卫战，无疑是其中最为浓重的一笔。

大文学家韩愈在《张中丞传后叙》里写到一个酒局：将军南霁云只身匹马从千万叛军中突围，向临淮拥兵自重的御史大夫贺兰进明求援。睢阳已经苦战多日，存亡只在旦夕之间，睢阳若失守，富甲天下的江淮会全部沦陷。临淮近在咫尺，要救援睢阳易如反掌。贺兰嫉恨守睢阳的张巡、许远二人声名远播，何况敌军有数十万之多，不肯出兵。但他看中了南霁云英雄盖世，想把他羁留在自己军中，等到将来睢阳城破，南霁云也就只好为自己效力。于是在军中大张酒宴，邀请南霁云入席，南霁云在席上慷慨说道："我来见您时，睢阳全城人已经饥而不食有一个多月了，现在虽然有美酒佳肴，我实在食不下咽。"随手抽出佩刀，斩断一根手指，表明自己与睢阳共存亡的决心。满座中人都被南霁云感动到落泪，但贺兰始终不

将进酒

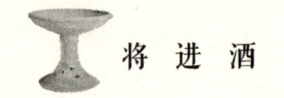

愿相救。南霁云已知求援无望，骑马飞奔而出，将要出城的时候，抽出箭来，射到一座寺庙的砖塔上，起誓说："如果睢阳城侥幸能够保全，我一定要灭贺兰进明。"

睢阳是江淮要塞，守将是许远，安史之乱中，安禄山手下大将尹子奇以十三万人围城。许远坚守不降，派人向雍丘的张巡求援。这时的张巡，带领一千余人的军队，抵抗令狐潮数万大军已经一年，双方曾经在六十日交战数百次，张巡往往能以弱胜强。接到许远的信，张巡驰救睢阳，与许远合兵一处，也不过七千人。许远职位虽高，但敬佩张巡的才略，拱手将指挥权移交给他。

从正月一直相持到七月，睢阳已经弹尽粮绝，蛇虫鼠蚁、桑叶草茎全都掘食一空，连弓弩也拿来做柴火，铠甲的皮和战马也被煮来吃了。守城的军民饿死不少，但没有一个人逃走，他们希望能多守住一天，牵制住叛军。再后来，他们开始吃死尸，张巡甚至杀掉自己的爱妾，分给守城将士们吃。这样又坚守了三个月，士卒再没有力气作战了，敌人爬上城头的时候，他们已经无法拉开弓弦。

睢阳之战的惨烈，在中国几千年的战争史上，恐怕只有明末扬州、嘉定、江阴之战以及一九四四年中日衡阳之战稍可相提并论。

城破后，张巡、许远、南霁云等人不屈被杀。

张巡最后一封书表写道："……凡一千八百余战，当臣效命之时，是敌灭亡之日"。睢阳城破数日之后，唐援军杀到，歼灭了令狐潮尹子奇部。

后世质疑张巡杀妾吃人，残酷的战争中，有些选择实在出于没有选择。韩愈评价张巡："守一城，捍天下……天下之不亡，其谁之功也？"

这是南霁云削指明志的酒局，更是张巡许远视死如归、忠心为国的酒局。南霁云抱定必死之心而返。不远处，就是杀声震天的睢阳，城中有七千饿乏倦怠的战士，为了这不久即成为冷月空城的睢阳，他们耗尽了最后一分气力，战至最后一人。他们共同奏响了华夏民族血脉深处勇毅刚强的最强音。

第八十二局：凝碧池头

主饮：王维；主陪：雷海清；主宾：裴迪；地点：凌碧宫

历时八年的安史之乱终于平定下来，唐玄宗李隆基虽然还健在，但在他逃亡成都的时候，太子李亨已经擅自登基，是为肃宗。自古以来，父子、兄弟、君臣之间的权力禅让，冠冕堂皇之下总是充满了血腥的色调。肃宗平定了叛乱，重新收拾了父亲的烂摊子，回到了长安，入主玄宗、安禄山曾经住过的宫殿。

大清算成了"重拾旧河山"的一个重要戏码。在战乱期间，皇帝希望所有的臣子如同贞妇一样，誓死捍卫节操，倘若降敌自然是大逆不道，一概要问罪。

大诗人王维便在问罪之列。

王维，字摩诘，信奉佛教，诗风清越简远，在当时诗坛的声望，远远超过李白杜甫。更为难得的是，王维几乎是文化全才，琴棋书画无所不精。苏东坡最为推崇他，说他是"诗中有画，画中有诗"。曾经有人拿幅乐伎图给王维，中国画不讲透视、不讲比例，专讲玄而又玄不可言传的意境，人物画基本毫无美感，也无真实感。但王维一看，就说这是画的"霓裳羽衣曲"第几叠第几拍。大家一核实，果然如此。王维长得很帅，走贵

将进酒

妇路线，投靠唐玄宗亲妹妹玉真公主，可称为诗坛第一公关男而无愧。每次有高级官员参加的豪华聚会，都由这位才名远播的帅哥出场弹曲助兴。结果在公主门下第二年，就中了进士，进入仕途。

后来安禄山兴兵南下，一路势如破竹，赶走了唐玄宗，占据了长安。安禄山肥胖无比，曾经在唐玄宗面前卑躬屈膝载歌载舞竭力讨好，甚至甘心拜比自己小十多岁的杨贵妃为母。他对来不及逃散的官员威逼利诱，希望这些人为新的政权效力。王维被抓，装病不肯相从，被安禄山拘禁在寺中。

在凝碧池畔，安禄山大宴群臣，他将抓捕到的梨园子弟聚在堂前，为自己演奏。唐玄宗是著名的音乐家，安排宫人自编自演，有雷海清、张野狐、李龟年等众多名角汇聚一堂。战乱中大家风流云散天各一方，只有擅长琵琶的雷海清，因为双眼已盲，被收捕在列。这些玄宗旧日的伶人乐官，如今在胡人坐前忍辱演奏，凄怆悲凉，不成曲调，雷海清更是悲愤之极，摔碎琵琶，放声大哭。安禄山大怒，当场将雷海清车裂。

再回到故事的开头。王维虽然没有在安伪政府任职，但遇敌没有"死节"，也算官德有玷，理应重惩。他的弟弟自愿撤职以抵消兄长的罪过，但真正让他转危为安的，是好友裴迪。裴迪启奏说，凝碧池事件后，王维悲愤不已，在寺里悄悄写下怀念故国、感慨今昔的诗："万户伤心生野烟，百官何日再朝天。秋槐花落空宫里，凝碧池头奏管弦。"唐朝皇帝从李世民开始，都有较高的文化素养，肃宗也不例外，读过这首诗，肃宗很欣赏王维政治上坚定、立场上分明，就宽恕了他。

王维在三十岁时妻子去世，后未再娶，而与裴迪同住辋川，直到去世。《全唐诗》中裴迪存诗三十首，其中二十多首与王维有关。

凝碧池头的酒局，本是属于雷海清的酒局。这位盲艺人忠于大唐，不甘为虏，宁为玉碎，让很多失节的官员自惭形秽。王维的这首小诗像这场疾风暴雨里的一个插曲，来得如此莫名，仿佛是裴迪刻意的安排。我们也许在揭开某个谜底，也许在见证某种友谊。历史原谅了这位伟大的诗人，也原谅了这位高尚的朋友。王维的余生，避世隐居，"晚年惟好静，万事不关心"，就像一朵摇曳的野花，绽放在辋川，但他并不孤独。

第八十三局：醉打金枝

主饮：郭暧；主陪：郭子仪，唐代宗；主宾：升平公主；地点：郭宅

醉打金枝，并不见于新旧《唐书》，而见于唐人笔记《因话录》。作者出身高门望族，故较为可信，以致严谨的司马光引入了《资治通鉴》。

安史之乱拖垮了强盛的大唐王朝，玄宗逃到四川，肃宗以指挥兵马的名义提前继位，实际打仗则主要依靠郭子仪、李光弼等人。肃宗病死，代宗即位，郭子仪再次被委以重任，四方征讨，彻底扫除余寇。他与李白之间还有过一段生死佳话：郭子仪年轻时犯法当死，李翰林在囚徒之中看出他目光如炬，是一位英雄，故而为他求情。后来李白糊里糊涂卷入了亲王谋逆，依法当诛，郭子仪已是朝中柱石，提出愿舍弃官爵换李白一命，朝廷同意了。原宥谋逆之罪非同寻常，若非郭子仪有再造之功，绝不可能如愿。

代宗重振朝纲，天下重新享受了一段短暂的太平。因为郭子仪功劳显著，其子郭暧被代宗招为驸马，"尚公主"，即娶升平公主为妻。

驸马在历史上素来是个好听不好受的差使，男权社会里娶了一个骂不得打不得的老婆，花天酒地没有指望了，一不小心，戴绿帽也免不掉，这可不是什么幸福生活。远的如后世山阴公主，当着驸马的面养了三十个男

将 进 酒

宠。近的是高阳公主，嫁给名臣房玄龄之子，与和尚辩机私通，成为大唐著名的宫闱秘闻。升平公主自恃金枝玉叶，居家也常常以皇家规矩、君臣礼节管束老公。郭暧满心窝囊，但无可奈何。

戏曲里，郭子仪七十寿诞，儿、媳之间爆发了一次冲突。郭暧的积怨借醉劲发泄出来，痛打了升平公主。并且骂她："你不过是仗着你爹是皇帝，那皇位只是我爹不要剩下的！"戏曲讲究矛盾冲突，势必会将故事原貌夸饰。《因话录》里说他们夫妻"琴瑟不调"，于是暧骂公主。一般情况下，驸马爷们多半是忍气吞声，毕恭毕敬，因为一不小心公主气哭了，就会赶着车回娘家告状，那可就是犯上大罪。郭暧痛打公主，借给他胆量也不敢，但受辱既久，以酒壮胆，不慎说出这种大逆不道的话，倒是有可能。

后果当然很严重，"公主恚啼，奔车奏之"，升平公主气哭了，赶着车回宫告状了，坚决要求父皇惩办老公及其家属。代宗不糊涂，知道若不是郭子仪，李唐王朝早就没了，又哪里轮得到女儿耍威风？于是半安慰，半为郭家立威："的确是你家公不愿做天子啊，假使他要做，还真轮不到咱家。"说着，自己也心疼地流下泪来。

这一幕自然会被传到郭子仪耳朵里去。郭子仪几经仕宦起伏，明白儿女琐屑的背后，实质是君臣关系的试探与权衡。代宗父女深宫之内的对答，能传到自己耳朵里，那无论如何都得表态了。郭子仪绑着郭暧，"自诣朝堂待罪"。这个细节非常重要：首先，将这个逆子五花大绑，但重要的是自己也要请罪，更重要的是要到大庭广众的朝堂之上，用公开认罪方式来回应他们父女的深宫私话。态度很明确，君臣之分不可逾越，自己虽有微功，但即便是儿女口角这种事，也得给足代宗面子。代宗当然宽容大量地饶恕了郭家，并且对郭子仪说："不哑不聋，不做亲家翁"。这里面也许有无奈，但肯定更多得意。

这是一场典型的植根于中国文化土壤的家庭酒局，强势的一方占尽上风，弱势的一方也需要有"自诣朝堂待罪"的勇气和智慧。

第八十四局：彩袖玉钟

主饮：武元衡，张郎中，罗隐，刘禹锡，欧阳修，大小程；主陪：诸歌伎；主宾：诸主人；地点：各种席上

麻衣如雪的武元衡是武则天的后代，相貌人品诗才政见都卓然不群，官至宰相，同时也是大唐第一谋杀案的主角，被人当街刺杀。武元衡任剑南节度使期间，在佐酒欢歌中结识了浣花溪畔大唐第一歌伎诗人薛涛。他们之间多有唱和，以至倾心相交（薛涛与唐代的顶级文人官员之间都交情匪浅）。后来武元衡居然为这歌伎（当时有宫妓、官妓、营妓、家妓之分，官妓一般是官员宴饮之际出席并展示才艺的女子，属乐籍，但基本仅限于宴饮歌舞陪侍）向朝廷请旨，希望封薛涛为"校书郎"。王建诗云："万里桥边女校书，枇杷花里闭门居。扫眉才子于今少，管领春风总不如。"就是本于此事。

一位没有留下名字的张郎中（郎中为官名），年轻时在广陵做小吏，酒宴上与一位酒妓一见钟情，随后山盟海誓，几度绸缪，但最终没能纳她入室，对此深以为憾事。二十年后，在淮南节度使李绅（写下"锄禾日当午"的纨绔子弟）的一次酒宴上，张郎中再次遇到了这位酒妓。她长时间凝目看着旧日的情人，几乎要哭出来。张郎中趁李绅去厕所，用手指写了一首诗在盘子上，传给酒妓。李绅回来后，发现张郎中郁郁不乐，让酒妓

将 进 酒

唱歌劝酒，酒妓便唱起这首"云雨分飞二十年，当时求梦不曾眠。今来头白重相见，还上襄王玳瑁筵。"张郎中触景生情，酩酊大醉。李绅问明缘由，甚解人意，让酒妓跟他一起离去。后来刘禹锡也因为一首诗，在酒宴上得到过李绅的歌妓。

面目丑陋的诗人罗隐，赶考之前，在钟陵的酒宴上与歌伎云英相遇。后来没有考中，十二年后，重过钟陵，在酒宴上再次遇到了云英。云英抚掌叹息："罗秀才您还没有及第啊！"罗隐写诗解嘲："钟陵醉别十余春，重见云英掌上身。我未成名君未嫁，可能俱是不如人。"后两句是落魄男女之间对话的经典名句，他哪里想过，云英的问候里，包含了多少心酸和对才人不遇的感慨。历经十二年，一见之下还能叫出自己的名字来，恃才傲物的罗隐终究没有去体味云英的抚掌一叹。

欧阳修年轻时风流倜傥，在钱惟演幕下时，参加钱公的酒宴，与交往甚密的一位美貌歌妓姗姗来迟。旁人责问原因，歌妓回答说："在凉堂中午睡，丢了金钗，找了好久没找到。"大家心知肚明，不便追问。钱惟演当即提议，如果欧阳修赋词一首，就由公家来赔偿这支"丢失了的"金钗。欧阳修写下这首《临江仙》："柳外轻雷池上雨……水精双枕，傍有堕钗横。"婉转地自供：在共欢娱的水晶枕边，丢了这支金钗。

大词人晏几道与歌妓们的场景写得更加精彩传神，是"落花人独立，微雨燕双飞"、"当时明月在，曾照彩云归"；是"彩袖殷勤捧玉钟，当年拼却醉颜红。舞低杨柳楼心月，歌尽桃花扇底风。"

注重理学的程颢、程颐两兄弟参加一场酒宴，因为有歌妓佐酒，小程夫子认为非礼勿视，拂衣而去，大程先生尽欢而归。次日，小程夫子去书斋拜见哥哥，还怒形于色。大程劝解道："昨日座中有妓，吾心中却无妓。今日斋中无妓，汝心中却有妓。"小程甘拜下风。

无论是风流才子的酒宴，还是道学夫子的酒宴，歌妓们的身影虽历历可见，她们和酒并无差异，只是这个舞台上的配角。如果因为这些酒局而相信爱情，或者相信道德，那会是天方夜谭。

第八十五局：共食清思殿

主饮：张韶；主陪：唐敬宗；主宾：苏玄明；地点：清思殿

这场神秘酒局发生在唐敬宗年间，有人杀入皇宫大苑，目的只为"在清思殿上吃杯酒"。这人既非有权谋的王公大臣，又非有兵卒的宦官武夫，只是大唐治下的一个平民小人物：染坊工人张韶。

起因是长安城里卖卜为生的苏玄明跟染坊的张韶关系要好，闲着无事，苏神仙给张小二算了一卦，卦象上说张韶有大贵之命，苏神仙进一步解释，说张小二能够"升殿坐，与我共食"，也就是两个人有在皇宫御榻上吃饭喝酒的命。

占卜相面这群人里，除开绝大部分骗人钱财的，也颇有一些胸有大志的隐逸之士。比如汉初的谋士蒯通，借着看相对韩信暗示说"相君之面，不过封侯……相君之背，贵乃不可言"，劝他叛汉自立，但韩信没有听从。苏神仙自诩蒯通，把张小二当做了落魄的韩信，希望与他共图大事。好在这位"韩二"对自己言听计从，稍加策划就真的动手了。

事情就这样发生了，在那个科学不昌明的年代，迷信的作用往往大到不可思议。张韶以苏神仙的"天命论"纠集了一百多染坊同行和闲杂人等，藏在运草料的车辆中，趁着敬宗在打马球，暮色里潜入了皇宫，准备

将进酒

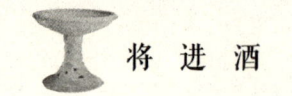

深夜再动手。但被人发觉草料轻而车载重，盘问中，张韶率众杀出，换上宫服，挥舞兵器大声呼叫着杀向禁宫。

唐敬宗正在清思殿踢球，突然有人报告有人作乱已经杀入宫中，慌忙逃窜到御林军中。张韶并不急着去追赶，他登上了清思殿，摆好酒菜，叫来了苏玄明，约他一起大吃大喝，并且说："你占卜得太准了，我们真的能在这里一起吃顿饭。"苏神仙大吃一惊，原来张韶全无远见，只是为了吃这顿饭而来，他绝望地大叫道："事情难道就这样结束了吗！"

的确结束了。张苏二人和他们的造反派，几个时辰之后，即被全歼。

唐敬宗不是一个好皇帝，在位只有短短的两年，在唐朝皇帝中享年最短。他想尽办法玩花样，不理朝政，而喜欢划船、喜欢打马球、喜欢捉狐狸、喜欢看杂耍和摔跤。大臣李德裕曾经上书，劝他要勤政、要言行得体，不要搞些稀奇古怪的收集、不要游山玩水、不要亲近小人等。敬宗视若无睹，觉得是老生常谈，一笑置之。他大兴土木，昏庸多欲，为了要看划龙船比赛，当场下令凿河运木，建造大船到京师，单这一项几乎就要花费全国转运经费的一半。惹得杜牧写下了著名的《阿房宫赋》，借古讽今说"秦人不暇哀之而后人哀之；后人哀之而不鉴之，亦使后人复哀后人也。"并且自己明明白白地说"宝历大起宫室，广声色，故作《阿房宫赋》。"意思就是说看不惯唐敬宗（"宝历"是其年号）大兴土木，贪图声色，于是写下这篇文章；所幸唐代不兴文字狱。

平叛后第二天，宰相带着寥寥一行去迎接皇帝回宫，追究这场叛乱的责任，有数十名负责宫殿安全的宦官应该以失职惊驾的罪名被处斩，但敬宗轻描淡写地赦免了他们。这也充分暴露了君臣之间、大臣和宦官之间的矛盾。叛乱事件过去后，敬宗不思悔改，游戏依旧，一年之后，夜晚打猎归来，饮酒作乐时，被自己宠信的宦官杀死，年仅十八岁。

这是一场荒诞的酒局。有时候，希望是命运对人生的嘲讽。

第八十六局：杯酒释兵权

主饮：赵匡胤；主宾：石守信等；主陪：赵匡义；地点：深宫大殿

赵匡胤第一杯酒，饮在陈桥。

他本是后周世宗柴荣部属，出身行伍，屡有战功。柴荣病逝，七岁的太子登基。突然传闻有大敌南下，后周倾国之兵由赵匡胤领队御敌，在陈桥驿驻扎，亲信开始积极准备和散布舆论，赵匡胤则饮酒装醉，如无所知。醒来即被部下黄袍加身，虚加推辞之后，他接受了拥戴，回到开封，废黜幼主，改国号为宋，是为宋太祖。

第二杯酒，饮在风雪之夜，赵普之家。

立国之初，太祖励精图治，可谓宵衣旰食。以"半部论语治天下"的名相赵普，也是陈桥兵变的策划者和组织者，向来谨小慎微，退朝后不敢换下朝服，以免太祖仓促来访，重整衣冠有失礼仪。一天深夜，大雪，赵普想着太祖不会再出宫了，准备休息，过了一会儿听到了叩门声，开门一看，正是太祖，已经在雪里站了许久了，他说还约了二弟赵光义。三人在赵普家中，赵普夫人亲自炙肉行酒。饮酒中，赵普问太祖这么晚了为何还出来？太祖说，天下群雄割据，睡不着，又说准备打太原。赵普一语不发，良久回答说：打太原容易，但打下来后，则我方独当西北之敌，不如

将 进 酒

先平南方。虽然是寥寥数语，但陈述利弊，见识深远，无异于诸葛亮三分天下的隆中对，太祖异常高兴，遵计而行。这便是君臣佳话"雪夜访普"。

第三杯酒，饮在深宫之内，诸将之列。

天下既定，太祖准备了丰盛的酒宴，将立下汗马功劳的将领石守信、赵彦徽等请入宫中。饭饱酒酣，赵匡胤心事重重地长叹说："夜里经常不能安睡。"将军们莫名其妙，纷纷问询，赵匡胤亮出了心结："你们都对我忠心耿耿，并无异心，我担心的是如果你们部下有贪图富贵之人，有朝一日也强将黄袍加在你们身上，你们就是想推也推不掉了。"石守信等人这才听出了弦外之音，叩头流涕，请太祖指明出路。太祖说：人生如白驹过隙，不过是享受荣华富贵。你们别带兵了，回去多置些田产，买些歌儿舞女，颐养天年，我们君臣无猜，岂不是好？第二天，石守信等上表假称有病，要求归还兵权。赵匡胤欣然同意，厚加赏赐，至此，禁军与藩镇的兵权集中到了中央政府手里。这就是历史上著名的"杯酒释兵权"。

第四杯酒，饮在烛光斧影之间。

赵匡胤在位第十六年，走到了人生的尽头，时年五十岁。他邀三十八岁的弟弟赵光义共饮，并留宿。次日即突然驾崩，赵光义在灵柩前即位，是为宋太宗。因当时并无第三人在场，且有烛影摇摇斧声凿凿的传言，使得赵光义无法洗去杀人的嫌疑。并且太祖传位给弟弟而非长子的做法，引起了众人的猜疑。赵光义联合赵普抬出了所谓"金匮之盟"：即母亲早有"兄终弟及"的遗诏，以此证明自己继承大统的正确性。至于他母亲是否能够预见到自己三个儿子能有序不紊地死去，则另当别论。但太宗旋即害死了弟弟，接着又害死了侄子，自己死后，终于传位给了儿子。这场酒局，分明只是权力的生死角逐。

历代建国者，对开疆拓土的功臣良将，莫不猜忌而至于杀戮。"鸟尽弓藏，兔死狗烹"。相较之下，杯酒释兵权，是一场温和的政治游戏。即便太祖英明神武，也不能防备最亲近的人对权力的欲望，而这欲望，是太多悲剧的源头。

第八十七局：春水东流

主饮：李煜；主陪：宋太宗；主宾：小周后；地点：违命侯府

李煜作为南唐后主，做皇帝做得不太成功。但是凭借自身造诣，成为一代词坛宗主。王国维说他有赤子之心，不谙世事，正好是他词的优点。又说词到了李后主，"眼界始大，感慨遂深"。

李煜是南唐第三代皇帝，"末代闲王"忙着五件大事：一跟小姨子恋爱；二写各种求和表；三搜刮民财；四填词；五佞佛。

李煜"丰额骈齿，一目重瞳子"。丰额就是额宽顶秃；骈齿就是龅牙；重瞳子类似白内障，这和后人想象里写"林花谢了春红，太匆匆，无奈朝来寒雨晚来风"、"寂寞梧桐深院锁清秋"这种神秀句子的帅哥形象相去太远了。但他是皇帝，依然坐拥后宫佳丽。正妻大周后重病将死，他和小姨子暗度陈仓，成天风花雪月，写下了诸如"手提金缕鞋"、"教郎恣意怜"等性暗示极强的词章，大周后活活被气死，后主立刻就娶了小周后。

后主不理国事，群臣上行下效，陪着他写诗填词。当然，后主登基后第一大事，就给北方强大的宋朝写了一封《即位上宋太祖表》，赤裸裸卖国称臣，以求偏安。自古以来，有臣工卖国、百姓卖国，这种皇帝卖国的，真是很少。

将 进 酒

由于他"生于深宫,长于妇人之手",与百姓民生隔得远,只会收税,养头猪,种棵树都要上税,治国方略很糟糕,饿死了不少人。

偏偏这祸国殃民的后主笃信佛教,《南唐书·浮屠传》记载,李煜亲自动手削竹片以供僧徒如厕时使用(当时没有发明厕纸,便后用竹片刮秽),削好竹片后,怕太锋利或者毛糙,伤了高僧们的尊臀,他要在自己的脸颊上试验,看是否光洁滑爽,这份虔诚是礼佛的帝王中难得的了。

宋太祖指挥大军如期而至。李煜也像许多亡国之君一样,声称亡国即自焚。很快就亡国了,但情圣、词宗、南唐后主并没有点燃火把,而是率先脱光衣服出城投降。他叫人把自己绑上,脖子上挂着传国玉玺,步行出城,跪在阵前,发表归顺致辞,身后随从抬一口空棺材表示待罪认命。按惯例,对方会下马把他扶起来,安慰一番,然后烧掉棺材,表示对投降一方的尊重。

皇帝投降,一般都会象征性地封侯,然后搬到京城去住,派人监视,免得生乱子。宋太祖也是趣人,封李煜为"违命侯"。违命就违命罢,总比"没命侯"强。

接着,宋太宗继位,隔三岔五就把小周后召进宫,名义上是陪自己的内眷,好些天才放出来。时人的笔记里委婉地记载小周后每次回来,都要跟李煜大哭大闹。这位词坛圣手、恩爱丈夫硬是忍住了,远远躲开。

后主忍辱而不负重,闷闷不乐地躲在寓所宴饮奏乐,填写新词。他在活着时,让歌伎演唱新作的《虞美人》:"故国不堪回首月明中"、"问君能有几多愁,恰似一江春水向东流"。太宗抓住这个把柄,认为他怀有故国之思,命人赐他毒酒,将他毒死。

历史上以赐酒为名杀死下属、姬妾甚至父兄的有很多例,这一次尤其特别。这杯酒,不仅仅是一个帝王鸩杀了另一个帝王,还杀死了一个纯粹的词人,违命侯那"一江春水"的梦,也从此破灭。以致后人感慨说"作个词人真绝代,可怜薄命做君王",在诗词的世界里,做君王有何荣宠?真不如做一个纯粹的词人。

第八十八局：夜宴图

主饮：韩熙载；主陪：顾闳中；主宾：李煜；地点：韩府

顾闳中是南唐画院待诏，他唯一的作品就是《韩熙载夜宴图》，现为我国传世画作中的神品。

韩熙载本是唐末进士，因避战乱逃到南方，走之前跟朋友李毂说："如果南方让我为相，一定可以平定中原。"李毂笑着回答："如果中原让我为相，灭南方如囊中取物。"

韩熙载到了吴国，投了一篇自荐信，说自己"文韬武略，横行四海、高步出群。"虽然文字狂放不羁，但也看得出亟欲立功的雄心壮志。

吴国由徐知诰执政，他久有篡位之心，曾宴请自己的义弟徐知询，敬酒说："祝你活一千岁。"徐知询疑心，分了一半酒，回递给他说："我与兄长各享五百岁。"徐知诰进退维谷，不敢接，徐知询也不退下。左右大惊失色，最后一名伶人跑进来饮酒出奔而死，算是化解了尴尬。

后来徐知诰废吴王，改名李昪，建立南唐，只给了韩熙载一个掌管图书的秘书郎职务，但让他陪伴太子李璟。李璟登基后，韩熙载仕途出现转机，虽然作为北方人，与朝中元老们颇有芥蒂，并且多次与元老们意见不合遭到贬谪，但依然能够擢升到侍郎。而此时，好友李毂已经得到了中原后周王朝的重用，并且采纳其建议，大举南侵。

李煜当政后，韩熙载再次因为与宰相争论被贬，他上书乞哀，才得以留任。此时北方的赵宋已经强大起来，韩熙载觉得自己的强国、立功之梦已濒临破灭，于是更加放浪形骸。他的收入主要是俸禄和别人求文的润笔，一旦到手就分给蓄养的乐伎，经常穷到不能度日，然后直接找李煜开口要钱。

李煜想拜韩熙载为宰相，让画院待诏顾闳中到韩府上，把韩的所作所为画出来，呈为考评的依据，于是有了著名的《韩熙载夜宴图》。

这幅手卷共分五幕，听乐、助舞、间歇、清吹、散宴。一般绘画都是用一个场景、一个时间节点，顾闳中则选取了五个不同时间片段，用非常细腻的笔法，将韩熙载"荒纵"写实。

第一幕：韩熙载叫停了酒宴，招呼大家围坐，女乐弹奏琵琶。有人隔帷偷窥，有人合手附拍，神情专注、怡然忘我。长榻上有一位绯衣贵客听得入神，韩熙载高冠黑袍，若有所思；

第二幕：女乐起舞，夜宴进入高潮，韩熙载亲自上场击鼓助兴，随着舞步与鼓声，一客击掌，一客檀板轻敲，还有一名僧人突兀地出现在画面里；

第三幕：韩熙载坐在大床上与乐伎们中场休息，侍女捧上了酒壶；

第四幕：夜转深沉，五女笛箫合奏，一女清唱，韩熙载袒胸露腹，坐床摇扇；

第五幕：散场之际，宾主尽欢，有人扶着歌姬调笑，有人坐着恋恋不舍，韩熙载重具衣冠送客。

这幅手卷，一直都是研究南唐服饰、音乐、舞蹈和文化生活极为重要的资料。在不讲比例、没有透视学的古代画院，顾闳中依旧以传神写意的技法，将韩熙载醉生梦死的心态描绘得栩栩如生。虽然是极尽喧嚣的欢宴，但韩熙载的脸上，始终没有出现过一丝笑容。这是顾闳中超乎寻常的敏感所得，也是韩熙载真实的内心写照。

第八十八局：夜宴图

　　这幅手卷，卷起了韩熙载的壮志雄心，也卷起了南唐的瑟瑟秋梦，从北而来的金戈铁马之声即将踏入这场夜宴，手卷中的每一个人，包括画师顾闳中、览卷者李煜，也都将无法再享受这短暂而温暖的安宁。

第八十九局：读史佐酒

主饮：苏舜钦；主陪：班固；主宾：司马迁等；地点：书斋

写下"满川风雨看潮生"的宋代诗人苏舜钦，为人豪放进取，曾经每晚读书都要饮酒一斗。舅舅杜衍很吃惊，暗中观察，发现苏舜钦在读《汉书》。读到《张良传》，张良用大铁锥刺杀秦王，误中副车，舜钦拍掌叹息说：可惜，没击中！然后喝一杯酒。过了一会儿，读到张良与刘邦相遇一段，拍着书案说："真是难得的君臣相遇。"又满饮一杯。杜衍看到他读书如此痴迷，很高兴地说："有这样好的下酒菜，一晚上一斗也不算多。"苏舜钦也说自己："一饮一斗心浩然……读书百车人不知。"

中国与其他文明古国的差别，在于有史的传统。每一年甚至每一天所发生的大小事务，都会被有条不紊、分门别类地记录在史书中。中国古代的史官，有两大特点：忠于事实、遵循道德。他们所遵循的是早于儒家作为儒家源头的一套道德体系。这些历史记录被珍藏在图书馆内，遇到大事犹豫不决，除了占卜，也会根据前代类似的案例和前代哲人的智慧来处理现实的困惑。他们在典籍中寻找解决事件的理论依据、道德准则和处理效果。《左传》说："卜以决疑，不疑何卜？"占卜是用来解决疑惑，不疑惑的时候不用占卜。但如何能不疑惑呢？那就是"以史为鉴，可知兴替。"

第八十九局：读史佐酒

老子曾任周朝太史，孔子向他求学，说他如同龙一样深不可测。

晋国大臣赵盾差点被晋灵公杀死，逃亡时听说灵公被族人赵穿所杀，于是回来继续执政。太史董狐记为"赵盾弑其君"。赵盾和他争辩，说是赵穿弑君，不能归罪于己。董狐说："你是正卿，逃亡没有逃出国境，国家大事依然和你有关。回来后你又不讨伐弑君的赵穿，未能尽职，失去了君臣之义，弑君之罪理应由你承担。"孔子对董狐大加赞赏，认为这是坚持原则的"良史"。齐国元老崔杼，杀了淫魔齐庄公。齐太史记下"崔杼弑其君"。崔杼大怒，杀了太史，太史的弟弟接任，接着记下这一罪行，又被处死。第二个弟弟再接任，再记录，再被处死。第三个弟弟又接任，又记录。崔杼对这种不怕死而敢直书的史官们没有办法，只好听之任之。当时另一位史官南氏听说太史被杀，就拿着书简赶来齐国，准备代记，后来听说已经记录在案才回去。

正是因为有这样一批史官，我们五千年的文明才得以文字的形式流传。苏舜钦看的《汉书》，作为"二十四史"之一，是我国第一部断代史。作者班固，继承父志修史，一度入狱。这与他的前辈司马迁一样。司马迁在遭受腐刑之后，完成了被誉为"史家之绝唱，无韵之离骚"的第一部纪传体通史《史记》。《史记》、《汉书》、《后汉书》、《三国志》并称"前四史"。也是二十四史中写得最好的四部史书。之前的《左传》、《春秋》也属史书之列。"二十四史"从黄帝时代一直记到明崇祯。清亡之前修史未完，也有人将《清史稿》计入，共称"二十五史"。都是当代修前朝史，时代相距不远，创作时间长，材料丰富可靠，文笔绝佳。但也有例外，比如《魏书》，作者魏收轻薄无行，放狂言说自己修史能让人"举之则使上天，按之则使下地"。成书后，被人称为"秽史"。司马光历十九年编成的《资治通鉴》，是第一部编年体通史，纵横一千三百多年，虽然不在二十四史中，也同样占据了史林中的重要地位。这些史书除了鲁迅所说，作帝王将相的谱牒，也记载了朝代的兴替；家族的盛衰；英雄美人的传奇和市井之民的甘苦。

将进酒

　　除了国史，还有稗史笔记，还有地方志，还有一族一姓的家谱。这些浩如烟海的记录，把整个民族的历史文化基因记录下来。那些可恨可悲的人物，可歌可泣的故事，使人拍案叹息的凄怆，使人饮酒一斗的壮美，如同长河里一朵朵的浪花，泛出夺目的光辉，而后又消失在此长河中。史传的传统让我们从口耳传诵的混沌中解放出来，让一切过往都有迹可循，不至于断绝。

第九十局：重扶残醉

主饮：俞国宝；主陪：宋高宗；主宾：徽宗，林升；地点：西湖

淳熙年间的某一个春天，宋高宗赵构船游西湖，看到断桥边有一家小酒肆颇为雅致，信步走入，看到墙上有一首《风入松》，"一春长费买花钱，日日醉湖边……红杏香中歌舞，绿杨影里秋千……明日重携残酒，来寻陌上花钿。"问是谁写的，店主回答是太学生俞国宝醉书。高宗非常欣赏，觉得写尽了临安繁华和西湖春色，但对于"明日重携残酒"很不赞同，喝剩的酒怎么能再喝呢，太寒酸了，提笔改为"明日重扶残醉"，并马上给他官做。

宋高宗的父亲宋徽宗是著名的艺术家，诗词歌赋琴棋书画无所不精，尤其以花鸟画、瘦金体书法为人称道，他的签名画押是"天下一人"，充满了自信。然而徽宗也是著名的昏君，《水浒传》的故事就发生在他任内，他搜罗天下珍玩，同时也搜罗天下美女，御用过的宫女据说有六千人。金人来攻，他怕亡国愧对祖宗，匆忙把帝位传给儿子宋钦宗。钦宗靖康年间，金人灭宋，将他们父子掳走，妃嫔也被分抢一空。金太宗把徽宗封为"昏德公"意为德行昏昧，极具侮辱与嘲讽，又把钦宗封为"重昏侯"，贬抑更胜一筹。

将进酒

宋高宗逃往临安，重建宋朝，史称南宋。高宗开始启用岳飞等主战派，与金人对峙；后来又重用秦桧等主和派，与金人议和，总之得到了暂时的和平。

同时期在临安的客栈里，还出现了另一首题壁诗："山外青山楼外楼，西湖歌舞几时休。暖风熏得游人醉，直把杭州作汴州。"作者林升生平不详，这首诗很快流传开来。当时临安从君臣到百姓，醉生梦死，大肆享乐，早已自甘苟安，忘却了曾定都汴州的故国了。

此刻距离靖康之耻已经过去了十多年，江南经济文化逐渐恢复。南宋安逸日久，高宗皇帝的文化情怀也起死回生，每天勤练书法，兼填词作赋，俨然有其父徽宗的风范。

他甚至多次给金太宗写信，诉苦自己偏安的不容易，希望能保持岁贡，坐稳这个偏安的小朝廷。当下最头痛的事莫过于如何处理骁勇善战的岳飞，在赵构看来，与金国对峙就是最好的局面，进一步、退一步都是臭棋。岳飞偏偏不解人意，高喊"直捣黄龙，迎二圣归京"。徽宗、钦宗回来后，自己还能继续做皇帝吗？但自己的母亲也还在北地受苦，总是于心不忍，高宗也算能忍耐，等徽宗死后，他才杀了岳飞父子，换回了母亲，至于兄长钦宗，则任其老死北方。钦宗曾托即将回国的皇弟之母传话，自己若能回国，不做国君也心甘，但高宗无动于衷。

这种萎靡不振、玩物丧志之风，一直贯穿于整个南宋朝廷。几十年后，理宗时代，还会出一个蟋蟀宰相、湖上平章贾似道，他写诗说："人生有酒须当醉，青冢儿孙几个悲"，就像高宗御笔改过的"明日重扶残醉"，更加注重当下的欢娱，根本无暇也无意关注比"明日"稍久远的身后兴衰。文雅的措辞间，他们一行君臣，以"昏庸无道"为共同特点，亲手葬送了大宋王朝的残山剩水。

第九十一局：当庭杖帝

主饮：完颜吴乞买；主陪：谙版；主宾：粘罕；地点：金王宫

金太宗完颜晟，本名吴乞买，是金太祖完颜阿骨打的弟弟。在位期间灭宋，将徽宗、钦宗父子抓住，遣送北方，贬为庶人，这就是岳飞《满江红》里念念不忘的"靖康耻"。

吴乞买虽然是"蛮夷之君"，但不失英明。他注重农业，不许私贩奴隶，并且赋税得法，使得女真部落迅速崛起。除了灭宋，他还灭了更为强大的辽国，活捉了天祚帝耶律延禧，并戏剧性地安排两位亡国之君做囚徒邻居。

吴乞买有雄才伟略，还勇武过人。许多年前，他曾随从哥哥阿骨打作为部落酋长参加天祚帝的"头鱼宴"，酒后天祚帝一时兴起，要求酋长们依次跳舞给自己看，阿骨打断然拒绝。天祚帝很不高兴，差点杀了他。吴乞买表演了呼鹿、杀虎甚至与狗熊相搏的惊险节目，才博得天祚帝的释怀。

大金国日益强大，但当权者都保持了良好的品质，他们深知积少成多，聚敛不易。所以积累的财富虽然多，从阿骨打开始，就君臣发誓，如果不是行军打仗的需要，就一定不要动用国库。吴乞买继位后，无人管

将 进 酒

束,偷偷盗用国库资产为自己享用。一开始大臣们还睁只眼闭只眼,但发现人欲是没有底的,纯朴的太宗吴乞买也抵抗不了物质的诱惑,国库的钱财越花越多。丞相谙版与大臣粘罕商量好,要为江山社稷,让他有所收敛。一个冬天的早晨,大臣们簇拥到朝堂上,由谙版和粘罕为首,当面与太宗对质,指责他违背了当初誓言。吴乞买争辩不过,被大臣们一拥而下,当庭打了二十大板。当然,是狠狠打得皮开肉绽,还是装模作样蜻蜓点水已经不重要了。重要的是这一誓约得以重新确认,并且吴乞买的骄奢之气被打得荡然无存。

打完之后,丞相及众大臣重新把太宗扶上殿,端坐之后,大家一起向皇帝请罪。太宗不愧有过人的胸襟,毫不介意,与各位朝臣举酒为欢。

《金史》的太宗本纪里没有记载这件事,估计这毕竟不够光彩,即便是后世修史,也不愿意这种僭越和犯上的大罪轻易发生而毫无责罚,还堂而皇之地被传诸后世。但在宋人笔记《呻吟语》及《燕云录》中都有详细记载。

这样的故事无独有偶,春秋时期楚文王曾经沉溺于打猎与声色,不听朝政。大臣葆申说:"先王让我来做教导,现在您荒糜无道,当受鞭刑。"文王说:"我一出生就位列诸侯,您怎么能打我呢?"葆申回答:"我宁可对不起您,不能对不起先王。"文王只好答应,葆申用荆条放在文王背上,表示鞭答,文王说"既然要打,您就痛快点。"葆申回答:"教育君子,让他心里难受就行了;教育小人,才让他皮肉受苦。"

吴乞买殿上受刑,是一场君臣无猜,戮力为国的酒局。酒局中的人毫无私心、彼此坦诚,让人肃然起敬。这也是历史上少有的酒局,是一个国家、一个民族兴旺的征兆。

第九十二局：诗僧酒禅

主饮：道济禅师；主陪：仓央嘉措；主宾：无；地点：杭州，拉萨

南宋绍兴嘉定年间，杭州灵隐寺出过一位禅宗大德：道济禅师。禅宗是佛教一支，据说由达摩传入少林寺，唐代慧能和尚在黄梅以"本来无一物，何处染尘埃"的偈子夺得衣钵，成为禅宗第六祖南下弘法，禅宗至此成为人人可修的法门。禅宗不讲精修而讲顿悟，在清规戒律上并不严格。但像道济这样，"饮酒食肉，有若风狂"的也极为罕见。民间称他"济公和尚"，行医治病，行侠仗义，其事迹被集成一部神魔小说《济公全传》。

道济的名言是"酒肉穿肠过，佛祖心中留"，但他以"他人修口不修心，我人修心不修口"为自己饮酒吃肉作辩解。他的诗轻灵而富有禅理："出岸桃花红锦英，夹堤杨柳绿丝轻。遥看白鹭窥鱼处，冲破平湖一点青"极具色彩感与画面感。

数百年后，数千里外的大雪山下还会出现一位诗酒高僧仓央嘉措。他不超脱，而是沉沦于世俗的快乐。醇酒妇人，百般滋味，终究无法在内心坐化。

仓央嘉措的父母都是低贱的农奴，十四岁时，他被选为六世达赖。当时西藏动荡不安，仓央嘉措成为各种宗教团体、政治势力争夺的焦点。

将进酒

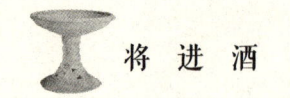

仓央嘉措自幼信奉红教,这一派类似禅宗,清规戒律较少,比较符合他的性格。到了拉萨后不得不遵守黄教的苦修教义。仓央嘉措虽然年幼,但颇具慧根,看透了自己不过是一颗棋子,于是放浪形骸,饮酒作乐,亲近妇女。至今的拉萨街头,还有一家名叫"新嫁娘"的酒馆,传说是仓央嘉措与情人幽会的地方。

他的诗歌大多数都是对自由、对爱的渴望。因不受管束,有人视他为眼中钉,奏明朝廷,希望废掉他。康熙准奏,将仓央嘉措押送北京,在青海湖附近失踪,那一年他二十四岁。

他拥有过至高无上的权力,拥有过突如其来的相思。他没有错过什么,也没有得到什么。

"行事曾叫众口哗,本来白璧有微瑕,少年琐碎零星步,曾到拉萨卖酒家。"仓史嘉措觉得自己所修的是世间法,爱情、醇酒不过是白璧微瑕。经过曾缄先生七言绝句翻译后典雅传神,读之如见其人。

"当垆的女子不死,酒喝不尽。我少年寄身之所,便在这里。"可见"新嫁娘"酒馆里的风情旖旎,并非是空穴来风。他经常在夜里翻过高墙去到街市去饮酒和幽会:"那已老的黄狗,心比人还伶俐。请不要告诉人我薄暮出去,破晓才归来。"

在诗里,有一个他钟爱的身影。他对她一往情深,他曾自问:"曾虑多情损梵行,入山又恐别倾城。世间安得双全法,不负如来不负卿。"

他所拥有的,是命运早有的安排。他所渴望的,却不在安排之内。他是宗教的领袖,是宗教的囚徒;他是爱情的主饮,也是爱情的囚徒。一种截然的身份,加剧了爱欲与佛法,世俗生活与精神世界的冲突。

他尝试过突围,在内心一角,记载下相思与放纵;他还逾越过规矩与道德的高墙。最后一次,走出了所有人的视线。在王冠与自由之间,他缺乏勇气,徘徊犹豫。结果是两边都不能接受他。最后一次的不知所终,真是一个绝好的迷局,给世间追寻他、仰慕他、嫉恨他的人一个最好的交待。

第九十三局：厓山绝宋

主饮：文天祥；主陪：张弘范、张世杰；主宾：陆秀夫；地点：潮阳、厓山

公元一千二百七十九年，即南宋祥兴二年、元朝至元十六年。驻扎潮阳一带的元军听到厓山已破，四十年征伐南宋的辛苦有了最终的定局，欢欣鼓舞，大设酒宴劳军。元军首领张弘范虽是汉人，但并非宋朝子民，他作战英勇，活捉了南宋末代右丞相文天祥。

不久前，张弘范带着文天祥一起到了厓山，希望他写封信给张世杰所领导的孤悬海上的最后一支宋军归降。文天祥回答说："我不能为国尽忠，而要去劝人叛国，我做不到。"后来在递给他的招降文书上，他写了那首著名的《过零丁洋》，最后一联脍炙人口：人生自古谁无死，留取丹心照汗青。张弘范虽是仇雠，但也很有修养和风度，读过这首自白书后心中肃然起敬，不再相逼。

三年以前，元军攻破南宋都城临安，太皇太后抱着五岁的宋恭帝出城投降，时人讽刺说"侍臣已写归降表，臣妾签名谢道清。"陆秀夫等臣民不愿归降，随即推举年仅七岁的赵昰为"天下兵马督元帅"，继任大统，是为宋端宗，在福州一带继续抗元，寻找机会恢复中原。元军穷追不舍，小

将 进 酒

朝廷一直乘舟在海上漂泊藏匿，一次遭遇台风，端宗坠海，不久惊病交集而死，年仅十岁。左丞相陆秀夫和大将军张世杰在厓山立六岁的赵昺为帝，是为宋怀宗，他是南宋最后一位皇帝，继位时年仅六岁。

张弘范与南宋残余军队在厓山海面进行了最后的对决，大战数日后，宋军败。陆秀夫看到突围无望，不愿接受亡国之辱，抱着年幼的怀宗投海而死。其他船上的大臣、平民、将士、宫眷哭声震天，十余万人相继投海殉国。还在抵抗的张世杰突围赶来，得知陆秀夫和怀宗殉国，悲痛不已，拒绝了登岸的建议，继续漂泊，不久也死于海上。

正是在这一役后，张弘范设酒对文天祥说："如今国家亡了，您作为丞相，忠孝已尽，希望能在新的朝廷里继续任职。"文天祥流泪拒绝了。张弘范很钦佩他的风度气骨，把他送到大都，文天祥在道上绝食了八天，没有死。又狱中写下了著名的《正气歌》，临刑前，他向南方下拜，辞别故国故土。

抱在怀中归降的恭帝、在海上飘零而死的端宗、投海而死的怀宗，他们只是懵懂无知的孩子，在民族和国家危亡之际，不幸地担负起复国救民的重担。读史至此，并无滑稽荒唐之感，更多看到的是南宋君臣继绝存亡的绝望和坚韧。后人说擎天者文天祥，捧日者陆秀夫，元朝修史者也说，他们虽然不知天命，但"人臣终于所事而至于斯，其亦可悲也夫"。

张弘范在厓山勒石刻道：张弘范灭宋于此。不知道当他看到海面上漂浮的大片大片南宋衣冠时，是否也震惊得说不出话来。十余万人殉国死节的悲壮，如《正气歌》所言："天地有正气，杂然赋流形。下则为河岳，上则为日星"。

南宋右丞相文天祥在这场酒局里，刚刚知道中国已亡，他万念俱灰，亦不再做任何努力、抱任何希望，而是从容就死，义无反顾。

第九十四局：开国杀将

主饮：朱元璋；主陪：傅友德等；主宾：徐达等；地点：宫中

洪武二十七年的冬天，朱元璋在宫中宴请大臣们。他当时六十八岁，"春秋已高"，这些年他杀人如麻，与会的大臣们胆战心惊，大家只顾拱手饮酒、埋头吃饭，所有人都把面前的饭菜吃得干干净净，唯独身经百战的颖国公傅友德面前还有一道菜没吃完。他追随太祖多年，战功赫赫，攻打武昌时，被箭射穿过两颊和胸肺。但此时太祖借题发挥，指责他不敬，让他把两个儿子都叫过来，是要教训还是惩处没有明说。傅友德转身就走，内侍跟上去说："把人头带过来罢。"一会儿，傅友德提着两个儿子的人头进来，太祖吃了一惊："你的心可真狠啊。"傅友德拔出匕首回答："你不过是要我们父子的命罢了。"随即自尽。同有战功的定远侯王弼没过几天亦被赐死。

一年前，凉国公蓝田被告谋反，牵连一万五千余人被杀，其中有一位公爵，十三名侯爵。

颖国公之死不到两个月，宋国公冯胜，功居本朝第三，洪武二十八年初，仅因为"细故失帝意"，被朱元璋赐死。死之前，冯国公可能知道身后事不可想，设家宴用毒酒毒死了所有女眷，免得她们颠沛流离跟着受苦。

至此，开国百战的功臣，被杀得仅剩寥寥数人。

而此前是胡惟庸案、郭恒案、空印案，牵连多年，数万人被杀，宰相所代表的文官系统内的开国旧臣几乎被屠戮干净。

其中以徐达之死颇具传奇。徐达在本朝功勋第一，虽然后世子孙都享尽荣华，但在洪武十七年，天象异常，有人断言这是不利于大将的征兆。正好徐达病在北京，朱元璋派人慰问后不久，徐达就发背疽而死。在野史里，提到了朱元璋让人送去烧鹅一只，因为烧鹅是发物，徐达食用后病发而死。烧鹅不能致人于死，但既然馈赠此物，则皇帝必其死之心昭然，是否死于烧鹅已经无关要旨。无论传闻是否属实，四大宰相已相继死去是不争之事实。至于天象异常，无非是坐实了徐达要死罢了。

朱元璋严惩官吏腐败，《大明律》里，《受赃》专设一篇，受赃一贯打七十杖，八十贯绞刑。据说还有抽筋挖膝、断手刖足、阉割等，全家发配为奴、灭族已经算正常了，民间记录还有"洗裸置铁床，沃以沸汤；有铁刷，以铁帚扫去皮肉；有枭令，以钩钩脊悬之……"更为残忍的是"剥皮实草"，即将贪官剥皮，皮内塞上草，挂在公堂之上，以警戒后任者，"其残忍实千古未有也"。

朱元璋撤丞相设立内阁，又设立巡检司、锦衣卫，强化中央集权。但同时分封了诸王藩镇，他对皇太孙不无得意地说，你放心做皇帝，有军事，藩王们会帮你处理。皇孙问他，如果诸王作乱，该怎么办？这个担忧很有预见性，燕王朱棣果然作乱，逐走了侄子建文帝。

朱元璋杀人立法，是因太子早死，皇太孙年幼，开国臣属难以驾驭。而叔侄相残，一定不在朱元璋的担忧之内，他所作的一切努力，也都无法避免这一恶果：家国同构，家即国，国即家，权力被一家一族独享并继承的年代里，必定会有同室操戈，祸起萧墙的事端。

第九十五局：天下顽主

主饮：正德皇帝；主陪：江彬；主宾：朝臣；地点：豹房

正德十二年冬，北京城里的文武百官穿着大帽鸾带，衣服上有的绣着牛，有的绣着鱼、蟒蛇、麒麟，与日常礼服大相异趣，他们纷纷奔赴德胜门外聚集。最前面站着的是捧着酒杯的首辅大学士杨廷和，当时朔风料峭，还杂着细雨微雪，他们在等着正德皇帝回宫。听说皇帝亲征打了胜仗，所以按照皇帝本人的意见，他们准备了高大的帐篷、条幅，庆祝凯旋。但条幅上书很奇怪："威武大将军"，没有名号，也没有落款。

《大明武宗毅皇帝实录》记载群臣跪在道旁叩迎，正德皇帝下马后，坐到帐篷里，接过杨首辅的庆酒，一饮而尽。兴致勃勃地说："朕在榆河亲自斩杀了一名敌人。"杨首辅回答："我们很庆幸有您这样圣武的皇上。"神态语气全无皇帝圣明臣属庆幸的欣慰，正德皇帝自觉无趣，骑上快马径直去了自己的行宫，留下剩下的属臣在泥泞中缓缓入城。

随后给事中上书说，正德皇帝所谓的应州大捷，平民死伤极多，我军"折损亦多"，根本不值得祝贺。大臣们也认为：有边患，大将迎敌也就够了，圣驾轻出很不妥，连接几次祭祀天地祖宗，皇帝都没有参加，实在不应该。何况这位不知来历的"威武大将军"到底是谁？哪有皇帝自己给自

将进酒

已改名封官的先例?

《明史》里说，这位威武大将军有名有姓，叫朱寿，但又实无其人，正是正德皇帝自己。正德十三年，他将"威武大将军"提拔为"镇国公"，并且要求吏部每年发放俸禄"五千石"。次年又加封"朱寿"为太师。这位虚拟的自我，成为自己手下级别最高的文官、武将。按照这个进度，如果不是正德英年早逝，迟早他自己要篡了自己的位。大臣们群情激奋，纷纷抗议。有的说，既然要加封这位大帅和太师，那就连他爹妈全追封得了，这样一来，原本为已故皇帝和太后的身份也会因为儿子的胡闹而降级。有的说，这个朱寿身在何处，如果并无此人，那就是有人冒名受奖，应该处死！大臣们危言耸听，正德皇帝依然故我，一概不理。

不喜欢参加经筵听从说教的正德皇帝，对骑马射箭和赌博兴趣浓厚。他后来煞有介事地在皇宫内开了多家店铺，并且设计了行宫"豹房"，除了众多美女，只有乐工、喇嘛、术士等人出入豹房，他在豹房里训练老虎，差点为虎所伤，幸亏体格魁伟的江彬救了他。江彬骁勇善战，跟喜欢冒险、玩世不恭的正德皇帝臭味相投，很快形影不离同卧同起。正德皇帝尤喜渔色，甚至对寡妇孕妇也兴趣浓厚，经常跟江彬们上街，闯入高门大户，大肆搜罗，有时候出巡，一车车载着抢来的女子，民间不胜其扰。

对于这种荒唐行径，大臣死谏也收效全无，宁王藉此造反，正德皇帝却看到了以亲征为名再次出游的机会。可惜王阳明神勇无敌，很快活捉了宁王，这让兴致勃勃已经上路的正德皇帝非常扫兴，他一度建议把宁王放了自己再去捉，过一把瘾。虽然不被同意，但他还是不肯罢休，偷偷脱离大军，接了自己的宠妃南下。最后在河上捕鱼落水，回京后身体不适，很快就死了，死前他才幡然醒悟说"前事皆由朕误"。

这是天下顽主正德皇帝，巍巍皇城，锁不住他渴望自由的心。但他、他的王朝、他的后世侄、孙，都将为他的顽劣付出代价。帝王与臣工之间的矛盾、制约将越来越强化，终于隔阂而不可调解。

第九十六局：玉堂倾倒

主饮：严嵩，严世蕃；主陪：嘉靖；主宾：夏言，徐阶；地点：严府

玉堂是严嵩之子严世蕃的别号，严世蕃短项肥体，一眼瞎，喜好古玩、奇器、书画。凡是打着"玉堂清玩"款识的，一定是珍品。他虽然其貌不扬，但自视甚高，认为天下高才有三，自己居其一。话虽狂妄，但"颇通国典，晓畅时务"，父亲严嵩能成为大明一等一的奸臣权相，几乎都是他的功劳。

当时的皇帝是来自湖北钟祥的嘉靖，他为了让自己父亲享受先皇的名誉，跟朝臣争论多年。他性情怪僻，日见昏庸，差一点被宫女勒死在床上，从此受惊不再上朝，国事一概由内阁处理。明朝的政体相对开明，君臣之间又互相制约，嘉靖如此，万历也是如此。对于他们而言，虽则拥有天下，但也逃不脱立法制度的牢笼。那么内阁首辅一职，就成了最高的权力象征。

嘉靖帝有几大喜好异于常人：第一好道教，不仅扶乩、炼丹，寻求长生，还经常给上帝写信，史称"青词"。信很不好写，满朝中只有严嵩最擅长，故而最得嘉靖欣赏。第二喜欢猜谜，经常写纸条给大臣，总是只言片语甚至寥寥数字，大臣们只好纷纷揣摩，往往不知所云。这方面严世蕃

将进酒

有独特之才，往往能猜中，故而严嵩仕途一帆风顺并一直屹立不倒。

当初夏言为首辅时，严嵩为了巴结上司，置酒邀请夏言，并亲自到府上邀请。夏言为人清廉方正，不肯见他。严嵩没有改期或者取消的打算，宾客们如期而至，开宴后，他打开手折，对着留给夏言的空座，半跪着读完了预备要说的话。夏言觉得严嵩对自己很谦恭，实则以严嵩的性格，已经准备置夏言于死地。嘉靖按照道教礼仪做了几顶树叶帽子，赐给夏言和严嵩，夏言是儒臣，不肯戴。而严嵩则用轻纱笼起，戴在头上，以示恩宠。嘉靖觉得严嵩更为忠心，史称严嵩"一意媚上"，故而专权，大臣们又谄媚严嵩以求安。夏言跟他处处不合，最后被严嵩设计诬陷，弃市而死。

天道好还，报应不爽，夏言推荐的徐阶也进入了内阁。他也是青词作手，堪与严嵩相抗。并且一样擅长猜谜游戏，他虽然也屈意奉主，但毕竟人品端方，所提倡的"威福还给皇帝，政务还给有司，品评还给公论"深得朝廷认可，宠信渐渐凌驾于严嵩之上。

面对嘉靖的猜疑冷漠，严嵩大乱阵脚，他再次置酒，邀请级别低于自己的徐阶。徐阶入府后，严嵩带领一家老小，环跪在地，自己举着酒杯恳求说："我旦夕之间就可能被罢黜获罪，这些人都有赖于您看顾了。"徐阶表示不敢当，然而已经清楚严嵩已到穷途末路。不久，徐阶成为首辅大臣，以谋逆大罪将严世藩下狱，并亲自示意臣属上奏，判斩立决。因受牵连，严嵩被罢去官职贬为庶民，两年后贫病而死。

为内阁首辅这一高位，很多有野心的官员们生死相搏，严世藩与夏言如此，徐阶与严世藩如此，后来的高拱、张居正莫不如此。但这种内阁制度并非全是皇权控线、首辅只做登台的傀儡，它真正实现了君臣互相制约，让嘉靖在二十多年不上朝的情况下，依然还能保持帝国的正常运转。

第九十七局：为帝王师

主饮：张居正；主陪：万历皇帝；主宾：襄王唐王；地点：荆州

张居正的父亲去世，本该循例丁忧，辞职守孝三年，万历皇帝及皇太后都深感不安，特旨"夺情"挽留。凡以孝道为由弹劾、反对之人，一概被斥责贬职。大臣们不肯让步，年仅十五岁的万历皇帝以诛无赦的严厉诏谕才平息了这场风波。

张居正才能超凡，整个帝国在他的努力下稳定繁荣。他是万历的老师，以严谨、博学、正直获得了万历本人及皇太后的称赞与信任。

张居正回荆州葬父，万历皇帝让沿路的地方官都务必尽职接待，凡有重大事务，朝廷不许自专，需要千里呈送张首辅处理。地方官跪迎督抚大吏越界迎送。路过襄阳，襄王远远恭候，并且请张首辅宴饮。这是没有先例的，无论多高职位的大臣，见到皇亲国戚必须行礼，但现在是王室对张首辅毕恭毕敬。路过南阳，唐王也出迎宴请。张首辅回京时，万历皇帝"慰劳甚笃"，和两位皇太后用家人之礼盛情、诚恳地对待张首辅母子。在张居正除服时，万历和两位皇太后除赏赐外，还钦赐御膳，款待首辅。张居正生前为大学士、太傅、上柱国、太师，死后谥"文忠"。

张居正炙手可热、权倾天下，在襄王宴、唐王宴、除服之际的赐宴中

将 进 酒

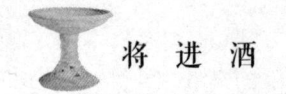

展露无遗,因为他有着"为帝王师"的特殊身份和荣誉。

传统知识分子的人格理想和终极政治追求,不是做帝王,那属于大逆不道,而是为帝王师。此理想长期给予他们自信与勇气,激励他们以经国事业为抱负;历代政府作为一种政治头衔和人格期许,树立典范,藉以发掘隐逸、吸收人才、维护礼制、巩固由知识分子构成的中层阶级之统治。

另一方面,知识分子,尤其是具有入世精神的儒家知识分子,似乎从中看到了一种理想社会的曙光:通过"帝王师"这一特殊的"政治—伦理—文化"三位一体的构架,实现儒家精神对帝王权力的超越,实施完整的思想、伦理统治的蓝图。

从政治的角度来看,"帝王师"这一结构中,帝王处于政治的制高点,在他之上,不可能存在任何能够控制和约束的力量。师与帝王,仍然是君臣的从属关系;从伦理角度来看,帝王与师,形成的是一种师生关系,暗示"师"凌驾于"帝王"之上,"师"或因学术或因道德,完成对"帝王"的引导、教化或帮助;从文化的角度来说,对帝王人品的好坏、用人的得失,治国的成败,都是以儒家的经典作为考核的标准。"师"掌握着对帝王的话语权,而"帝王"必须服从甚至皈依于此种文化之下。"帝王师"这一特殊的构架,注定了他们之间错综复杂地存在着互相依赖,互相抑制,而又互相利用的关系。

就像张居正,殁于万历十年,逝世前九天,万历加封他以太师衔。这是自开国以来两百年未有之荣;万历十一年六月,即下诏夺上柱国、太师,再夺谥;十二年五月,抄没其家,拷死其长子;九月,下诏总其罪。戏剧性的场面接踵而来,我们不得不对"帝王师"这一历史文化命题做重新的审视了。

第九十八局：福禄聚首

主饮：李自成；主陪：朱常洵；主宾：张献忠；地点：洛阳，成都

福禄宴出自李自成。

万历皇帝偏爱福王朱常洵，差点立他做太子，为此与朝臣冷战了多年，不得已做了让步，为了补偿，将宫里奇珍异宝大半相送，赐给他几万顷良田，又让他经手盐茶专营。朱常洵所在的洛阳比京城还富有，大家都说万历"耗天下以肥王"，福王无所事事，以饮酒御女为乐，体重达三百多斤，骇人听闻。

河南大旱又有蝗灾，穷困到了人吃人的地步，李自成趁势而起，攻破了洛阳，将巨胖而无法逃脱的福王捉住。《明季北略》记：李自成命人置办酒席，将福王剥洗干净，从他后院里牵出几头梅花鹿杀了，弄上一口大铁锅，把鹿煮在锅里，又把福王毛发剃尽推入锅中，撒上香料，分而食之，取名叫"福禄酒"。《明史》记载李自成舀起福王的血"杂鹿醢尝之"，场面残酷难以置信；还说李自成"声如豺，性猜忍"，每天把杀人、砍脚、挖心当儿戏。

《爝火录》记录李自成攻城时：对守城不投降者，坚持一天的破城后杀十分之三的人，守城二日杀十分之七，守城三日的屠城。受伤的敌军，

将 进 酒

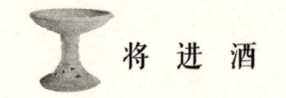

全部烧死。

聚首宴出自张献忠。

《明史》记录建立大西政权的张献忠，外号黄老虎，一天不杀人，就悒悒不乐。假说要开科举，把读书人杀了个干净，留下的笔墨堆成一个个坟堆。派军队各县杀人，取名"草杀"；大臣聚会时，放狗出来，闻到谁就杀谁，取名"天杀"；又自创活剥人皮，如果没剥完人死了，就要杀了剥皮的人。

时人记载，张献忠攻打凤阳，士民被杀数万，刨开孕妇的肚子，把婴儿挑上枪尖，烧了两千多间房屋。攻打和州，除了杀人取乐，有绑住丈夫去奸淫妻子而后杀掉，有绑住父亲去奸淫女儿而后杀掉，有赌孕妇怀胎是男是女而破腹验证，有把哭泣的婴儿丢进油锅，不一而足。

最著名的莫过于张献忠的"七杀碑"，据说他立过一块碑，写有"天生万物以养人，人无一善以报天，杀、杀、杀、杀、杀、杀、杀"。

还说他将旧时朋友全部斩首，独饮不乐时，就叫"唤好友来"，士兵们就把这些冰镇的人头摆上桌子，张献忠一个个把盏递杯，名为"聚首欢宴"。

这些故事的作者在清廷做官，可能带着目的或者任务撰写，有强烈的演绎夸张成分，甚至有明显的污蔑和伪造倾向，比如那块"七杀碑"据考证碑文并非如此；比如说张献忠导致"川中民尽"，一共杀了六万万人，而当时全国不会超过两亿人口。

但不可否认的是，无论是福禄酒，还是聚首宴，无论是屠城，还是屠川，无论是对农民领袖的歌颂，还是对流寇叛军的抹黑，这类事情必定活生生地发生过。数以百计的记录，打掉折扣，依然满纸是殷殷人血和哀哀哭声。借着革命的名义来施展暴力，这种事情还会发生。

第九十九局：秦淮烟月

主饮：陈圆圆等；主陪：吴三桂等；主宾：秦淮诸友；地点：北京，南京

明崇祯十七年初春，岁次甲申，国戚田畹在家盛宴招待总兵吴三桂。吴"戎服临筵"，田畹邀请他进入内室，"出群姬，调丝竹"，有一淡妆美人超群出尘，这就是"声甲天下之声，色甲天下之色"的陈圆圆。她为吴三桂行酒，吴神移心荡，当即向田畹索要陈圆圆。

当初在秦淮，明末四公子之一的冒辟疆初见圆圆，"其人淡而韵，盈盈冉冉……如孤鸾之在烟雾"，听她唱曲"如云出岫，如珠在盘，令人欲仙欲死"。冒陈一见倾心，差点私定终生。

田畹曾将她送给崇祯帝，吴梅村《圆圆曲》里说"明眸皓齿无人惜"，江山将覆，崇祯无意女色，又还给了田畹。于是有了酒宴上"白皙通侯（吴三桂）最少年，拣取花枝屡回顾"的一幕。吴三桂出关御敌，李自成三月破北京，抢走了寄养吴父府上的圆圆。《清史稿》记载，吴三桂本要投降，听说爱妾被掠走，"冲冠一怒为红颜"，发兵攻李自成，重新夺回了陈圆圆。

冒辟疆则邂逅了另一番艳遇，董小宛。壬午中秋，李香君、顾横波在

将进酒

秦淮桃叶水阁置酒，庆祝冒董历经劫波的结合。此前，久苦风尘而才艺双绝的董小宛将冒辟疆当作终身之托，为一言之诺，千里相随二十七日，冒辟疆拒绝了二十七次。董小宛说："我此心如江水，决不再回流吴门了。"冒以家事难处，且为小宛落籍花费巨大无可措办为由，劝她回去。又说等科举之后，无论中否，再来商量。小宛痛哭而别，冒"如释重负"。

小宛回到吴门，素食静居，等候冒辟疆。等到秋天，她独自坐船去看望冒，江中遇到盗贼，藏身三日没有进食。她希望早点能进冒家。因为没有考中，没钱落籍，又要随父亲回乡，冒辟疆再次失信。小宛发舟追随，在燕子矶遇风几遭不测。冒竟然"铁面冷心，与姬诀别"。后来钱谦益听说此事，亲自到秦淮，为她赎身落籍，并送她到冒家。之后二人赏月饮茶形影不离，国破后，小宛一直陪伴了冒辟疆七年，直至贫病而死（一说被掳入宫）。

那天水阁里上演离合悲剧《燕子笺》，情境相似，身世相怜，"姬泣下，顾、李亦泣下"。多年后，冒辟疆在《影梅庵忆语》里回忆起那一晚的楼台烟水、新声明月，回忆起两人的悲欢离合、甘苦相共，恍然如梦。

李香君所爱的是侯方域。他们的故事，演绎成四大悲剧之一的《桃花扇》。侯公子赠诗给李香君："夹道朱楼一径斜，王孙争御富平车。青溪尽种辛荑树，不及春风桃李花。"李香君最擅琵琶，侯公子下第，她置酒相送，劝说"公子才华过人，希望能够自爱，一别后相见无期，我从此再也不弹琵琶了。"明亡，侯方域还是违心地参加了科举，晚年深为后悔，将自己的集子取名《壮悔堂文集》，想来不独有愧本心，也应有愧于香君罢。

柳如是喜欢的是陈子龙。但这位名列《近三百年名家词选》第一人生性严肃，并不喜欢柳如是的风流放诞。柳如是一气之下嫁给年近六十的钱谦益。钱曾是万历朝进士，东林党领袖，明亡后做了南明的礼部尚书。南明又亡，柳劝说一起赴水殉国，钱说水太冷，不能跳。后来钱又做了清朝的礼部侍郎，北上期间，柳与人私通，钱的儿子报官，回来后钱谦益把儿子大骂一通，说国破君亡士大夫都不能守节，你还责备一个女子不守贞吗？有客人登门，钱倦于接见，全由柳代为应酬，谈笑风生，甚至带上女奴回拜客人，毫不避讳男女之嫌。

卞玉京，曾与吴梅村相恋，国破后出家为尼。寇白门，实现了歌姬们一生的梦想：落籍、从良，但在丈夫降清后，她毅然重新回到秦淮，在此终老，虽然这一定不是她所希望的。

这些秦淮女子存身于亡国之际，辗转于风尘之间，周旋于薄情之众，以声色事人，但依旧没有泯灭内心深处的一点固执与天真，她们的气节、性情有过于士大夫多矣。

附：过秦淮十绝句　　作者：裴涛

一地春寒薄似霜，泊舟桃渡夜生凉。杨花多被风吹去，明月年年过短墙。

翩翩谁识薄情郎，半卷书传脂粉香。姓氏何堪君问起，吴门歌舞是侬乡。

男儿无国我无家，漂泊春风到水涯。天薄情时人亦薄，六朝烟月未宜车。（寇白门）

新传曲院旧时歌，独擅阳阿已未多。谁唱倾城倾国调，至今犹想顾横波。（顾眉生）

桃花一树照秦淮，逐水逐人皆可哀。如画江山难属我，风流过眼尽尘埃。（陈圆圆）

问君折柳赠何人，绝艳惊才总误身。世上岂无陈卧子，我闻斋里老真真。（柳如是）

情人传记可堪疑，刻骨相思说已迟。终未从归终未去，影梅庵里一行诗。（董小宛）

秋风瑟瑟雨潇潇，吹笛人过长板桥。对坐西窗无语夜，兰花一叶泛春潮。（马湘兰）

将 进 酒

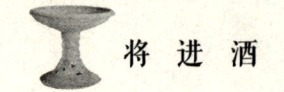

　　无情人亦有悲欢，南渡传奇忍泪看。扇底桃花春几许，隔江檀板唱偏安。（李香君）

　　南柯一梦海生尘，独向黄緌寄此身。瘦尽春风灯影里，祇陀庵内看花人。（卞玉京）

第一百局：薙发江阴

主饮：阎应元；主陪：江阴；主宾：大清；地点：江阴县

公元一六四五年，帝纪弘光，岁次乙酉，农历八月十三夜，近中秋。

江阴县，一群疲敝百姓登上城楼，带着酒壶三五成群，畅怀痛饮。擅歌者用笙笛箫鼓相和，唱起一首古乐新词，名叫"五更转"，用的是楚声，凄怆慷慨。琴师拉起胡琴，更衬得歌声悲壮，响彻云霄。那时候深碧的天空里只有一轮皓月，绝无纤云，清冷的风从遥远的地方吹过来，城楼上的火把在风中微微摇曳。

城楼下也是灯火通明，来自北方的二十万清军铁骑将这座孤城围了个水泄不通。灯火映着刀剑寒光，寂静无声。偶尔有人低声咒骂、悲叹，甚至落泪。

江阴由乡民扼守，"三尺童子，皆以蹈白刃无憾"，连小孩子都自愿参战。满城之人，都知道必死无疑，但没有一个人逃走，更无一人投降。清军二位都督曾轻蔑而困惑地说："得北京、得镇江、得南京都没有费力，这拳头大的江阴城倒费力不小。"二都督旋即登城被杀，此外还折损三位王室贵族、十八名大将、七万五千名精卒。他们的对手，只是乡勇农夫，守城将领只是小小的典史阎应元。最后清军调大炮百门，轰了数日才攻破江阴。男女老幼拒绝投降诱惑，要么自杀，要么被杀，要么格斗而死。阎

将 进 酒

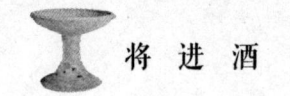

应元在城楼上提笔写道:"八十日带发效忠"、"十万人同心死义"!

同年四月,曾经烟柳繁华、民风绝非彪悍的扬州城下,多尔衮与守城的史可法各自留下一封文采斐然的劝降书与回覆之后,开始激战。大明战败,清军屠城十日,敛尸八十万具,"一沟一池,堆尸贮积,手足相枕,血入水碧赭",史称"扬州十日"。

同年六月,嘉定百姓与清军进行了拉锯战,嘉定三次被屠城,史称"嘉定三屠"。

这些惨烈的悲剧,都指向了满清初年的"薙发令"。

薙发令是清军入关时颁布的,薙发易服,从精神层面、文化层面对汉族进行摧残性打击,据说在汉族推行剃发,始作俑者,竟然是明降臣孙之獬。"金钱鼠尾,乃新朝之雅政;峨冠博带,实亡国之陋规"。汉文化推崇孝道,《孝经》说:"身体发肤,受之父母,不敢毁伤,孝之始也。"正因为薙发令的强制推行,引发了本来已经归降的嘉定、江阴巨大的震动。江阴县令让小吏抄写"留头不留发,留发不留头"的口号,小吏掷笔死也不从,随后激起民变。"带发效忠",阎典史与江阴父老忠于的并非是一国一姓,而是忠于祖宗教谕;"同心死义",敢为华夏数千年传统与道义而死。

乙酉年八月十三日,距离江阴城破只剩下八天。八天后,清兵屠城,"晨出杀人,暮则归营",除藏在野寺高塔上的五十余人外,江阴百姓十七万余人被杀得一干二净。

当时城楼上数千乡民、在静谧的夜空下,举酒奏乐,他们明知即将赴死,但依然视死如归。大野星沉,皓月当空,微风远来,歌声缥缈,火光跃动,一张张沉着坚毅的脸庞忽明忽暗,那一刻,他们与祖先同在,与民族同在。

图书在版编目(CIP)数据

将进酒：中国历史上一百个酒局/裴涛著.—上海：上海社会科学院出版社，2015
 ISBN 978-7-5520-0843-2

Ⅰ.①将… Ⅱ.①裴… Ⅲ.①中国历史-通俗读物 Ⅳ.①K209

中国版本图书馆 CIP 数据核字(2015)第 086768 号

将进酒——中国历史上一百个酒局

作　　者	裴　涛
责任编辑	王晨曦
封面设计	周清华
出版发行	上海社会科学院出版社
	上海淮海中路 622 弄 7 号　电话 63875741　邮编 200020
	http://www.sassp.org.cn　E-mail：sassp@sass.org.cn
照　　排	南京理工出版信息技术有限公司
印　　刷	上海信老印刷厂
开　　本	720×1020 毫米　1/16 开
印　　张	14.75
插　　页	2
字　　数	198 千字
版　　次	2015 年 6 月第 1 版　2015 年 6 月第 2 次印刷

ISBN 978-7-5520-0843-2/K·276　　　　　　　　　定价：39.80 元

版权所有　翻印必究